JN097462

【国家試験】

知的財産管理技能検定

公式テキスト［改訂15版］

3級

知的財産教育協会 編

はじめに

本書は、厚生労働大臣指定試験機関である一般財団法人知的財産研究教育財団の一部門である知的財産教育協会が編集した『知的財産管理技能検定3級公式テキスト』です。

知的財産管理技能検定3級は、学生・社会人を問わず誰もが必ず身につけておきたい知的財産管理の初歩的な知識と技能が問われる試験です。3級を取得することで、知的財産に関する日常生活に役立つ知識を身につけられるだけでなく、業務において直面する知的財産に関する出来事に対応できる基礎的な知識も身につけることができます。

そこで、当協会では、これから知的財産の学習を始めようという方や、3級の受検のために勉強を始めた方を対象とした本書を制作しました。WIPO（世界知的所有権機関）が提供する "Worldwide Academy/ Distance Learning の DL-001 Primer on Intellectual Property"（https:// welc.wipo.int/acc/index.jsf?page=courseCatalog.xhtml）にも準拠しているので、知的財産に関する基礎知識が身につけられるとともに、グローバルに必要とされている知識が身につけられる内容となっています。

2008年5月に初版を発行して以来、本書は3級を受検する方を中心に多くの方にご活用いただきましたが、このたび2024年4月までの法改正に対応した第15版を出版する運びとなりました。

グローバルな視点で今後の我が国の発展に貢献する人材が、本書や知的財産管理技能検定を利用してより多く育つことを祈念しています。

2024年6月　知的財産教育協会

※知的財産管理技能検定の試験問題は、「試験科目及びその範囲」に基づいて、検定職種について専門的な技能、技術または学識経験を有する者のうちから選任された技能検定委員から構成される技能検定委員会によって作成されています。試験の公正を図るために、その内容は検定実施当日まで当該委員以外のいかなる第三者に対しても開示されることはありません。本書は、技能検定委員会とは完全に分離独立している教育担当部門が、「試験科目及びその範囲の細目」（P.013 参照）と実施済みの過去問題を分析し、編集したものです。

Introduction
知的財産とは ……… 015

特許法・実用新案法

意匠法

商標法

条約

著作権法

その他の知的財産に関する法律

本書の活用方法

知的財産を初めて学ぶ方へ

本書を利用するにあたって、身の回りにある知的財産に関連する物事を思い浮かべながら、まず一度通読することをおすすめします。最初はよくわからない箇所もあるかと思われますが、細かい点にとらわれず、とにかく最後まで読んでみましょう。知的財産法という分野には複数の法律が含まれていますが、どれも人の頭から産み出された成果物を保護している点においては共通しています。はじめに知的財産制度全体を概観し、それぞれの法律が、どのような目的で、どのような知的成果物を保護しようとしているのかを把握することが大切です。各法律を大まかに知ることができれば、それぞれの違いもわかります。

本書の構成

本書の特徴と、効率的な学習方法を紹介します。

(1) 「事例とQuestion」「Lesson」「正解と解説」の３部構成

本書は、日々の業務や生活で接する機会の多い身近にある出来事をベースとした知的財産関連の事例を扱っている「事例とQuestion」、「事例」で取り上げた内容についての法律知識を解説する「Lesson」、学習成果とQuestionの正解を確認できる「正解と解説」の３部構成になっており、法律ごとに全6章・30項目から構成されています。「事例とQuestion」→「Lesson」→「正解と解説」と進めることによって、知識をより深く理解し、着実に習得できるようになっています。本書で学習を進めることで、身近にある出来事に対処するための知識や技能を身につけることができます。

(2) 身近にある出来事をベースとした「事例とQuestion」

「事例とQuestion」では、日々の業務や生活で接する機会の多い身近にある出来事を題材とした知的財産関連の事例をベースとしています。場面を想像しやすい事例から入ることで、後の「Lesson」で解説されている知的財産に関する法律や知識をより理解しやすくしています。

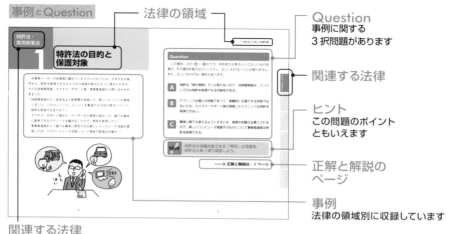

事例とQuestion

法律の領域

Question
事例に関する
３択問題があります

関連する法律

ヒント
この問題のポイント
ともいえます

正解と解説の
ページ

事例
法律の領域別に収録しています

関連する法律

（3）法律ごとの６章に分け、知識を解説した「Lesson」

　本書は、法律ごとに全６章・30項目に分けた構成にし、それぞれの項目について「Lesson」で知的財産に関する法律や知識を細かく解説しています。重要な用語は赤字にしており、また、わかりやすさを追求し、図表も多数掲載していますので、学習を進めやすい仕様となっています。

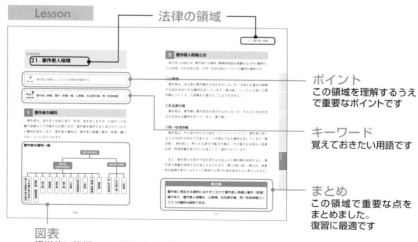

Lesson

法律の領域

ポイント
この領域を理解するうえ
で重要なポイントです

キーワード
覚えておきたい用語です

まとめ
この領域で重要な点を
まとめました。
復習に最適です

図表
視覚的に把握でき、理解度が高まります

(4)「Lesson」での学習成果と「Question」の
正解確認のための「正解と解説」

「Lesson」で学習した成果と「Question」の正解確認のための「正解と解説」を掲載しています。一つひとつの選択肢について詳細に解説していますので、「Lesson」で学習した成果を確認でき、知識を定着することができます。

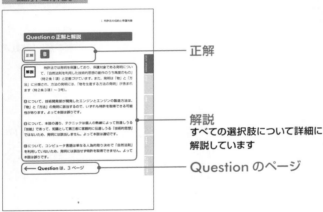

正解

解説
すべての選択肢について詳細に
解説しています

Question のページ

【各法律の表記について】
本文中に出てくる各法律の略称については、下記のとおり表記しています。

特許法 → 特	パリ条約 → パリ	不正競争防止法 → 不競
実用新案法 → 実	特許協力条約 → PCT	民法 → 民
意匠法 → 意	TRIPS 協定 → TRIPS	独占禁止法 → 独
商標法 → 商	特許法条約 → PLT	種苗法 → 種
著作権法 → 著	商標法に関する	
	シンガポール条約 → STLT	

（例）特許法第29条第1項第1号 → 特29条1項1号

＊本書の法令基準日は2024年4月1日現在施行されているものとします。

知的財産管理技能検定とは

（1） 知的財産管理技能検定とは

「知的財産管理技能検定」は、技能検定制度の下で実施されている、「知的財産管理」職種にかかる国家試験です。知的財産教育協会が2004年より実施してきた「知的財産検定」が全面的に移行したもので、2008年7月に第1回検定が実施されました。

「知的財産管理」職種とは、知的財産（著作物、発明、意匠、商標、営業秘密等）の創造、保護または活用を目的として、自己または所属する企業・団体等のために業務を行う職種であり、具体的には、リスクマネジメントに加え、創造段階における開発戦略、マーケティング等、また保護段階における戦略、手続管理等、また活用段階におけるライセンス契約、侵害品排除等のマネジメントを行う職種です。

本検定は、これらの技能およびこれに関する知識の程度を測る試験です。

試験名称：知的財産管理技能検定
試験形態：国家試験（名称独占資格）・技能検定
試験等級：一級知的財産管理技能士（特許専門業務）
　　　　　一級知的財産管理技能士（コンテンツ専門業務）
　　　　　一級知的財産管理技能士（ブランド専門業務）
　　　　　二級知的財産管理技能士（管理業務）
　　　　　三級知的財産管理技能士（管理業務）
試験形式：学科試験・実技試験
指定試験機関：一般財団法人知的財産研究教育財団 知的財産教育協会
知的財産管理技能検定 HP：www.kentei-info-ip-edu.org/

技能検定とは
技能検定とは、働くうえで身につける、または必要とされる技能の習得レベルを評価する国家検定制度で、「知的財産管理技能検定」は、「知的財産管理」職種にかかる検定試験です。試験に合格すると合格証書が交付され、「技能士」と名乗ることができます。
厚生労働省：技能検定制度について
https://www.mhlw.go.jp/stf/seisakunitsuite/bunya/koyou_roudou/jinzaikaihatsu/ability_skill/ginoukentei/index.html

(2) 各級のレベル

1級：知的財産管理の職種における上級の技能者が通常有すべき技能及びこ
れに関する知識の程度（知的財産管理に関する業務上の課題の発見と解決
を主導することができる技能及びこれに関する専門的な知識の程度）を基
準とする。

2級：知的財産管理の職種における中級の技能者が通常有すべき技能及びこ
れに関する知識の程度（知的財産管理に関する業務上の課題を発見し、大
企業においては知的財産管理の技能及び知識を有する上司の指導の下で、
又、中小・ベンチャー企業においては外部専門家等と連携して、その課題
を解決でき、一部は自律的に解決できる技能及びこれに関する基本的な知
識の程度）を基準とする。

3級：知的財産管理の職種における初級の技能者が通常有すべき技能及びこ
れに関する知識の程度（知的財産管理に関する業務上の課題を発見し、大
企業においては知的財産管理の技能及び知識を有する上司の指導の下で、
又、中小・ベンチャー企業においては外部専門家等と連携して、その課題
を解決することができる技能及びこれに関する初歩的な知識の程度）を基
準とする。

(3) 試験形式

＊一部に3肢択一も含む

等級・試験種	試験形式	問題数	制限時間	受検手数料
1級学科試験	筆記試験（マークシート方式4肢択一式＊）	45問	100分	8,900円
1級実技試験	筆記試験と口頭試問	5問	約30分	23,000円
2級学科試験	筆記試験（マークシート方式4肢択一式＊）	40問	60分	8,200円
2級実技試験	筆記試験（記述方式・マークシート方式併用）	40問	60分	8,200円
3級学科試験	筆記試験（マークシート方式3肢択一式）	30問	45分	6,100円
3級実技試験	筆記試験（記述方式・マークシート方式併用）	30問	45分	6,100円

(4) 法令基準日

知的財産管理技能検定の解答にあたっては、問題文に特に断りがない場
合、試験日の6カ月前の月の1日現在で施行されている法令等に基づくも
のとされています。

知的財産管理技能検定 3 級とは

「知的財産管理技能検定3級」（以下、3級）は、知的財産管理技能検定のうち、知的財産に関する業務に従事している者または従事しようとしている者を対象とした入門的な検定試験です。

　なお、3級合格に必要な技能およびこれに関する知識の程度は、以下のように定められています。

3級：知的財産管理の職種における初級の技能者が通常有すべき技能及びこれに関する知識の程度（知的財産管理に関する業務上の課題を発見し、大企業においては知的財産管理の技能及び知識を有する上司の指導の下で、又、中小・ベンチャー企業においては外部専門家等と連携して、その課題を解決することができる技能及びこれに関する初歩的な知識の程度）を基準とする。

知的財産管理技能検定３級　試験概要

	学科試験	実技試験
試験形式	筆記試験 （マークシート方式　3肢択一式）	筆記試験 （記述方式・マークシート方式併用）
問題数	30問	30問
制限時間	45分	45分
受検手数料	6,100円	6,100円

知的財産管理技能検定３級　試験範囲

学科試験	実技試験
試験科目及びその範囲の細目	試験科目及びその範囲の細目
1　保護（競争力のデザイン） 1-1　ブランド保護 ブランド保護に関し、初歩的な知識を有すること。	1　保護（競争力のデザイン） 1-1　ブランド保護 ブランド保護に関し、業務上の課題を発見し、上司の指導の下で又は外部専門家等と連携して、その課題を解決することができること。

1-2 技術保護
Ⅰ 国内特許権利化に関し、初歩的な知識を有すること。
Ⅱ 外国特許権利化に関し、次に掲げる事項について初歩的な知識を有すること。
　（1）パリ条約を利用した外国出願手続
　（2）国際出願手続
Ⅲ 品種登録申請に関して初歩的な知識を有すること。

1-3 コンテンツ保護
コンテンツ保護に関し、初歩的な知識を有すること。

1-4 デザイン保護
デザイン保護に関し、初歩的な知識を有すること。

2 活用
2-1 契約
契約に関し、次に掲げる事項について初歩的な知識を有すること。
（1）知的財産関連契約
（2）著作権の権利処理

2-2 エンフォースメント
エンフォースメントに関し、次に掲げる事項について初歩的な知識を有すること。
（1）知的財産権侵害の判定
（2）国内知的財産関連訴訟

3 関係法規
次に掲げる関係法規に関し、知的財産に関連する事項について初歩的な知識を有すること。
（1）民法（特に契約関係法規）
（2）特許法
（3）実用新案法
（4）意匠法
（5）商標法
（6）不正競争防止法
（7）独占禁止法
（8）著作権法
（9）種苗法
（10）特定農林水産物等の名称の保護に関する法律
（11）パリ条約
（12）特許協力条約
（13）TRIPS 協定
（14）マドリッド協定議定書
（15）ハーグ協定
（16）ベルヌ条約
（17）商標法に関するシンガポール条約
（18）特許法条約
（19）弁理士法

1-2 技術保護
Ⅰ 国内特許権利化に関し、業務上の課題を発見し、上司の指導の下で又は外部専門家等と連携して、その課題を解決することができること。
Ⅱ 外国特許権利化に関し、次に掲げる事項について業務上の課題を発見し、上司の指導の下で又は外部専門家等と連携して、その課題を解決することができること。
　（1）パリ条約を利用した外国出願手続
　（2）国際出願手続
Ⅲ 品種登録申請に関し、業務上の課題を発見し、上司の指導の下で又は外部専門家等と連携して、その課題を解決することができること。

1-3 コンテンツ保護
コンテンツ保護に関し、業務上の課題を発見し、上司の指導の下で又は外部専門家等と連携して、その課題を解決することができること。

1-4 デザイン保護
デザイン保護に関し、業務上の課題を発見し、上司の指導の下で又は外部専門家等と連携して、その課題を解決することができること。

2 活用
2-1 契約
契約に関し、次に掲げる事項について業務上の課題を発見し、上司の指導の下で又は外部専門家等と連携して、その課題を解決することができること。
（1）知的財産関連契約
（2）著作権の権利処理

2-2 エンフォースメント
エンフォースメントに関し、次に掲げる事項について業務上の課題を発見し、上司の指導の下で又は外部専門家等と連携して、その課題を解決することができること。
（1）知的財産権侵害の判定
（2）国内知的財産関連訴訟（当事者系審決等取消訴訟を含む）

※本書の検定情報は、2024 年 5 月現在の知的財産管理技能検定のウェブサイト情報に基づいて執筆したものです。最新の情報は下記ウェブサイトをご確認ください。

知的財産管理技能検定ウェブサイト
https://www.kentei-info-ip-edu.org/

知的財産とは

1. 知的財産とは

「知的財産って何だろう？」――。

　新聞やニュースで取り上げられる機会が多いので、この答えを知っている、と思うかもしれません。研究者の発明や作家の書いた小説、アーティストが作曲した音楽などを思い起こす人も少なくないでしょう。

　苦労して新しいものを生み出した場合、多くの人が何らかの形でその成果に対して利益を得たいと考えます。また、創作者の権利を無視して、創造されたものを真似してはいけないということも、大半の人が知っています。

　人間が頭の中で考え、創作したものを具現化した商品などを買うときには、たいていその対価の一部は、創造や思考に費やされた労力や努力への報酬として使われています。音楽やゲーム、新薬など、創出を促進する仕組みは、長年にわたって人類の発展に大きく貢献してきているのです。

　では、もう少し「知的財産」について掘り下げてみましょう。

　このテキストでは、さまざまな種類の知的財産や、知的財産に関係する法律や条約の基礎的な部分について説明していきますが、その前にまずは「知的財産」という言葉について少し考えてみます。

　財産とは、簡単にいえば、「経済的な価値のある対象」といえます。したがって、「知的財産」という言葉は、人が頭で考えた創造の成果のうち、経済的な価値のある対象ということを表しています。

　また、財産権とは、このような「経済的な利益などを対象とする権利」といえます。財産権が有する主な特徴として、権利者は自分の財産を希望通りに用いることができ、第三者の使用を排除できる、という点が挙げられます。

したがって、知的財産権とは、「人が頭で考えた創造の成果のうち、経済的な利益などを対象とする権利」ということができるでしょう。

2. 知的財産に関する法律

知的財産に関する法律は多数あり、それをいくつかに分類して、総称することができます。

知的財産に関する法律

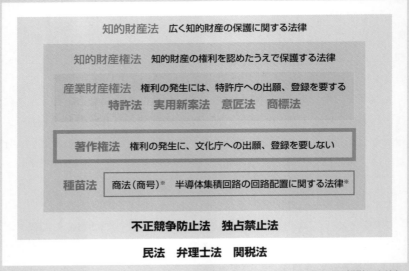

※ 本テキストにおいては解説しません。

知的財産法とは、一般的に「最も広い範囲の知的財産に関係する法律の総称」といえます。

知的財産権法とは、「知的財産の保護にあたり、特許権や著作権など一定の権利を付与する法律の総称」です。

産業財産権法とは、特に産業に関係の深い「特許法、実用新案法、意匠法、商標法の4法の総称」です。「工業所有権法」と呼ばれることもあります。

それぞれの法律の保護対象を、表にまとめました。

知的財産と保護対象

法律	保護対象
特許法	技術に関する「アイデア」（発明）
実用新案法	物品の形状、構造等の「考案」
意匠法	工業的な物品等の「デザイン」（意匠）
商標法	商品やサービスに使用する「マーク」（商標）
著作権法	文芸、美術、音楽等の創作的な「表現」（著作物）
種苗法	植物の「新品種」
不正競争防止法	商品等表示、商品形態、営業秘密等
独占禁止法	私的独占、不当な取引制限、不公正な取引方法　※ この項のみ保護対象ではなく禁止事項

　知的財産権のうち、産業財産権が、私たちの身の回りの製品においてどのように関係しているのかがよくわかるイラストが、特許庁のホームページに掲載されています。

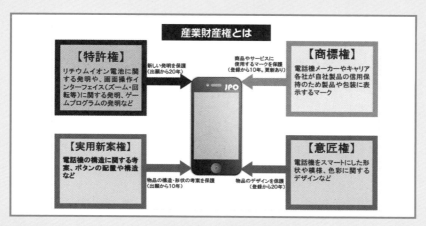

出典：特許庁ホームページ「産業財産権について」
https://www.jpo.go.jp/system/patent/gaiyo/seidogaiyo/chizai01.html

3. なぜ、知的財産が注目されているのか

　人を傷つける行為をすれば刑法上の問題となることは、なかば常識といえます。とはいえ、大学の法学部にでも入学しない限り、改めて刑法の講義を聴く機会はあまりないでしょう。

　ところが、ここ数年、知的財産に関する書籍やレクチャーをよく見かけるようになりました。改めて刑法を学ぶ人はまれであるのに、なぜ"今"、知的財産法は勉強されているのでしょうか。

　その答えは、知的財産の重要性が最近クローズアップされているけれど、まだ知らない人が多いからだと推測できます。

　これまで、知的財産制度は、メーカーや一部の専門家などとしか関わりがないと考えられてきました。しかし、日本が今後も経済発展を維持しようとするには知的財産が不可欠であるため、にわかに脚光を浴びるようになったのです。資源の乏しい日本は、原料を輸入し、安く優秀な製品にし（価値を付加し）たうえで輸出して外貨を稼ぎ、これまで経済発展を続けてきました。原料を製品へ加工する過程で生まれる工夫こそが、"知的財産"だといえます。

　ところが近年、例えばアジア諸国のように、日本以外の国々も技術力を向上させています。今までは技術的・資金的な問題などから、その工夫の中身がわかったとしても真似できなかったものが、工夫さえ知られれば容易に真似されてしまう可能性が出てきたのです。

　工夫こそが日本の発展の基盤であったはずなのに、これが無断で利用されてしまったのでは、日本は今後、経済をどうやって展開させればよいのか、となってしまいます。

　「なぜ"今"、知的財産が問題となるのか」といえば、このような理由によります。

　次に、「なぜ知的財産が問題となり、なぜ保護されなければならないのか」という点について考えてみましょう。

まず第1は、人が頭を使って創造することに要した労力や努力に対して、その努力は報われるべきである、という理由です。

　第2の理由としては、知的創造が保護されて金銭的・名誉的に報われることを人々が知れば、もっと知的な創造がさかんになり、これらの新たな創造によりその国に利益がもたらされるからです。

　製薬産業を例にとって考えてみましょう。新薬が市場に出るまでには、長年にわたる投資と研究開発費が必要とされます。作り出した薬が知的財産権により保護されずに、競合他社を排除できないとしたら、誰がこのような時間、お金、労力を費やして薬を改良しようと思うでしょうか。特許法による保護を受けられないのであれば、その製品は競合他社に真似され、開発に要した多大な投資を回収できないおそれがあります。そうなれば、製薬会社は新薬を開発しなくなるかもしれません。

　このように、知的財産法による保護は重要だといえます。

　特許は、技術分野における飛躍的な進歩を保護対象にすると考えられがちですが、小さな技術的進歩であっても、特許法の要件を満たせば、保護対象となることに変わりはありません。確かに、ペニシリンの発明のように、その技術分野における偉大な発明は特許を受けることができるでしょう。他方で、ある産業機械の動作性能を向上させるような、機械の小さなレバーに関する発明であっても、特許の可能性はあるのです。

特許法・実用新案法

1 特許法の目的と保護対象

　自動車メーカーの法務部に勤めているＡさんのもとには、さまざまな部門から、特許を取得できるかどうかの相談が毎日のように寄せられます。今日も技術開発部、カスタマーサポート部、事業推進部から問い合わせが来ました。

・技術開発部から「従来品より低燃費を実現した、新しいエンジンを開発した。このエンジンと、エンジンを製造する方法の両方について、特許を取得できるか？」

・カスタマーサポート部から「ユーザーから要望の高かった、誰でも簡単に駐車できるテクニックを編み出したので、特許を取得したい」

・事業推進部から「誰でも簡単に使用できる新しいコンピュータ言語を開発したが、このコンピュータ言語について特許の取得は可能か？」

Question

　この場合、次の **A** 〜 **C** のうち、対応または考えとして正しいものを選び、その理由を答えなさい。ただし、正しいものは一つとは限りません。また、正しいものがない場合もあります。

A 特許は「物の発明」でしか取れないので、技術開発部は、エンジンでのみ特許を取得できる可能性がある。

B テクニックは個人の技能であって、客観的に伝達できる技術ではないため、カスタマーサポート部の発案したテクニックは特許を取得できない。

C 簡単に誰でも使えるようにするには、高度な知識が必要とされるので、新しいコンピュータ言語そのものについて事業推進部は特許を取得できる。

Hint 特許法の保護対象である「発明」の定義を、特許法2条1項で確認しよう。

⟶ **正解と解説は、9ページ**

Lesson
1. 特許法の目的と保護対象

Point 特許法の保護対象である「発明」の定義を、4つの項目に分けて理解する

Key word 発明、産業の発達、自然法則、技術的思想、創作、高度

特許権取得までの流れ

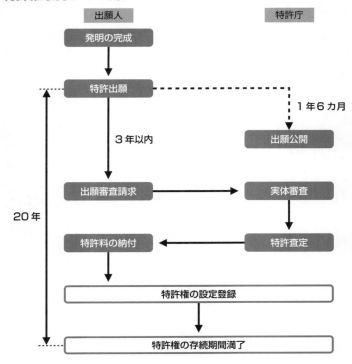

4

1　特許法の目的

　特許制度は、知的財産を保護する最も古い制度の一つで、「知的な創造に報いることにより新たな知的創造を促し、社会全体の経済や技術の発展を図る」ことが、その目的です。

　では、そもそも特許とは何でしょうか。

　特許とは、技術的思想の創作である発明に対して特許権を与えるという行政行為です。特許権を有する者（またはその許諾を受けた者）のみがその発明を実施できるという、法的状態が作り出されます。特許権は、発明が出願されたのち、特許庁における審査を経て登録されると発生します。パソコンなどの電気製品、薬、自動車など、特許権が関係する製品は、私たちの身の回りにたくさんあります。

（1）特許法の目的

　特許法は、「発明の保護及び利用を図ることにより、発明を奨励し、もって産業の発達に寄与すること」を目的としています（特1条）。

　つまり、発明を考え出したり、それを市場で売れるところまで実用化した発明者に対して、「独占的な権利」という報酬が与えられます。このようなインセンティブは、企業などにとってさらなる創出を促す契機となり、ひいては国の産業を発達させることにつながっていきます。

（2）特許制度はいつ始まったか

　特許制度は数世紀をかけて発展してきました。17世紀のイギリスでは、すでに特許制度が整備されていたといわれています。技術とともに進化し現代の制度となりましたが、今でも、テクノロジーや経済の成長に遅れをとらないよう変化し続けています。

2 保護対象

特許法2条　この法律で「発明」とは、自然法則を利用した技術的思想の創作のうち高度のものをいう。

　特許法の保護対象は発明です。発明とは、「自然法則を利用した技術的思想の創作のうち高度のものをいう」と特許法において定義されています（特2条1項）。この発明の定義に該当するか否かによって、特許法による保護の対象となるかが決定されます。

　言葉を分けて考えてみましょう。

①自然法則を利用した

　自然法則それ自体やコンピュータ言語などの人為的な取り決めは、「自然法則を利用」していないので、発明に当たらないといえます。同様に、自然法則に反する永久機関も発明には該当しません。

該当しないもの	該当しないものの例
✕ 自然法則それ自体	エネルギー保存の法則、万有引力の法則
✕ 自然法則に反するもの	永久機関
✕ 自然法則を利用していないもの	計算方法、コンピュータ言語、ゲームのルールなど、人為的な取り決め

②技術的思想

　職人のプレス加工技術など個人の習熟により到達できる「技能」は、「技術」として第三者に客観的に伝えられず、技術的思想とはいえません。また、著作物などは技術的思想によらないので、発明ではないと考えられます。

該当しないもの	該当しないものの例
✕ 知識として第三者に伝達できる客観性がないもの	フォークボールの投球方法、熟練した職人技など、個人の技能
✕ 情報の単なる提示	デジタルカメラで撮影された画像データ、機械の操作方法マニュアル
✕ 単なる美的創造物	絵画、彫刻

③創作

　天然物や自然現象などの単なる発見は、「創作」したことにならないため、発明に該当しません。

　ただし、化学物質など天然物から人為的に抽出した成分は発明に当たり、特許法による保護の対象となります。

該当しないもの	該当しないものの例
✕ 単なる発見物	鉱石、新種の植物

④高度

　日用品などのいわゆる小発明（考案）を保護する実用新案法との違いを明らかにするために、「高度」であることが規定されています。

　なお、「知的所有権の貿易関連の側面に関する協定（TRIPS協定）」という国際的な取り決めによると、すべての技術分野における「物の発明」と「方法の発明」について、特許が与えられることが定められています。例えば、新たな薬や機械は特許になる可能性があるのと同様、物の製造方法なども特許を受けられる対象です。

・物の発明 …… 機械、薬、自動車など

・方法の発明…… 製造方法、検査方法など

まとめ

発明とは、自然法則を利用した技術的思想の創作のうち高度のものを
いい、物の発明と方法の発明がある。

Questionの 正解と解説

正解 **B**

解説　特許法では発明を保護しており、保護対象である発明について、「自然法則を利用した技術的思想の創作のうち高度のもの」（特2条1項）と定義づけています。また、発明は「物」と「方法」に分類され、方法の発明には、「物を生産する方法の発明」が含まれます（特2条3項1 ～ 3号）。

A について、技術開発部が開発したエンジンとエンジンの製造方法は、「物」と「方法」の発明に該当するので、いずれも特許を取得できる可能性があります。よって本肢は誤りです。

B について、本肢の通り、テクニックは個人の熟練によって到達しうる「技能」であって、知識として第三者に客観的に伝達しうる「技術的思想」ではないため、発明には該当しません。よって本肢は適切です。

C について、コンピュータ言語は単なる人為的取り決めで「自然法則」を利用していないため、発明には該当せず特許を取得できません。よって本肢は誤りです。

← **Question** は、3 ページ

特許法・実用新案法

意匠法

商標法

条約

著作権法

その他の知的財産に
関する法律

2 特許要件

　プリンタメーカーに勤める研究者のBさんは、インクやトナーの交換がいらないプリンタを開発していました。Bさんは自分のブログを開設していたので、研究過程を「プリンタ開発日記」として詳細に記録。Bさんのブログに対して仲間うちでは、コメントのやり取りが頻繁に行われていました。

　ブログに記録し始めてから8カ月後に発明が完成。これは従来にない画期的な発明だったため、社内会議で特許出願することが決まりました。高く評価されてうれしかったBさんは、来館者は少ないけれど近所の図書館に、発明の内容を解説した本を寄贈しました。また、米国出張の際、クライアントに向けて発明の試作品を実際に動かし、披露しました。

　現在は、法務部の弁理士とともに出願手続の準備を進めています。

Question

この場合、次の **A**〜**C** のうち、対応または考えとして正しいものを選び、その理由を答えなさい。ただし、正しいものは一つとは限りません。また、正しいものがない場合もあります。

A ブログは仲間うちで読まれているので、発明の内容が世間に広まる可能性はほとんどなく、特許出願において問題はない。また、発明を解説した本は利用者にとって有益なため、寄贈すべきである。

B ブログは公衆の目に触れる機会があるので、特許出願前に発明の内容を知られてしまうことになる。図書館に置かれた本も同様である。よって、特許出願において問題となる。

C 海外で発明の試作品を実施して見せても、国内ではないので特許出願前に発明の内容を公開したことにはならない。よって、特許出願に際し、問題とならない。

 Hint 特許要件の一つである、「新規性」を失った発明に該当する３つの態様とは？

⟶ **正解と解説は、17 ページ**

特許法・実用新案法

意匠法

商標法

条約

著作権法

その他の知的財産に関する法律

2. 特許要件

Point　主な4つの特許要件をおさえ、判断基準やその例外を理解する

Key
word　産業上利用できる、新規性、新規性喪失の例外、進歩性、先願主義

1　特許要件とは

　特許法では、新しく有用な発明を保護します。特許法の保護対象である「発明」に該当するという条件をクリアした次は、「特許を受けるための要件（特許要件）」を満たす必要があります。

　特許庁では、その発明について特許権を認めるべきか否かを判断するにあたり、次に挙げる条件を満たしているかどうかを審査します。

2　産業上利用できる発明であること

　「産業上利用できる発明」（特29条1項柱書）であることが必要です。産業上利用できるものでなければ、特許法の目的である「産業の発達に寄与」しないといえます。ここでいう産業とは、製造業以外に、鉱業、農業、漁業、運送業、通信業、サービス業なども含めた広い意味です。

　日本国では、次の表に挙げているものは、産業上利用できる発明に該当しないとされています。

該当しないもの	該当しないものの例
✕ 人間を手術、治療、診断する方法	医療行為
✕ 業として利用できない発明	・喫煙方法のように、個人的にのみ利用される発明 ・学術的、実験的にのみ利用される発明
✕ 実際上、明らかに 　実施できない発明	オゾン層の減少に伴う紫外線増加防止のため、 地球表面全体を紫外線吸収フィルムで覆う方法

3　新しい発明であること（新規性）

　特許を受けようとする発明は新しいものであること、つまり「新規性があること」が問われます（特29条1項各号）。新しい発明を公開した代償として、特許権が得られるというわけです。具体的には、その発明が出願より前に知られていない、例えば、文献などに掲載されていなかったり、実施されていなかったり、インターネット上に開示されていないことです。

　新規性を判断するにあたり、時期的な基準と地理的な基準があります。

・時期的判断基準　……　特許出願時
　→　午前中に発表した発明を、同じ日の午後に特許出願しても
　　　新規性なし
・地理的判断基準　……　世界
　→　日本国内で知られていなくても、他の国で知られていれば
　　　新規性なし

　新規性のない発明として、特許法には3つの態様が挙げられています。

①特許出願前に公然知られた発明

　「公然知られた発明」とは、不特定の者にその内容が現実に知られている発明を指します。秘密を保持する義務のある者、例えば、社内の従業員や

特許法・実用新案法

意匠法

商標法

条約

著作権法

その他の知的財産に関する法律

秘密保持契約の相手方などに知られた場合は該当しません。

②特許出願前に公然実施をされた発明

「公然実施をされた」とは、発明の内容が公に知られるような状況や、知られるようなおそれのある場所で行われたことを意味します。例えば、工場の製造現場を外部の人に見学で公開した際に、その技術分野で通常の知識を持つ人が見ると発明の内容が簡単にわかってしまう場合などです。

③特許出願前に頒布された刊行物に記載された発明、または電気通信回線を通じて公衆に利用可能となった発明

「頒布された刊行物」とは、不特定の者が見る可能性のある状態におかれた刊行物をいいます。実際に誰かがその刊行物を見たかどうかは、問題となりません。また、「電気通信回線」とは、インターネットに代表される情報通信手段です。公衆のアクセスが可能な状態に情報が記録された場合、「電気通信回線を通じて公衆に利用可能となった」と考えられます。実際に誰かがその情報にアクセスした、という事実は要しません。

　ただし、上記のいずれかに該当し、新規性を喪失したとしても、**新規性喪失の例外規定の適用**を受けることにより、その発明は新規性を喪失しなかったものとみなされる場合があります（特30条）。
　新規性喪失の例外規定の適用を受けられる対象は、以下のケースとなります。

---

①特許を受ける権利を有する者の意に反して、公知となった場合
②特許を受ける権利を有する者の行為に起因して、公知となった場合

　新規性喪失の例外規定の適用を受けるには、その発明が公知となった日から１年以内に出願しなければなりません。さらに、②に該当する場合は、新規性喪失の例外規定の適用を受けたい旨を記載した書面を**特許出願**と同

時に提出し、かつ出願から30日以内に、公知となった発明がこの規定の適用を受けられる発明であることを証明する証明書を、提出する必要があります。

4　容易に思いつく発明ではないこと（進歩性）

「従来のアイデアと比べて、特許権を付与するに値するだけの進歩性があること」が必要です（特29条2項）。つまり、「進歩性がない」とは、その技術分野における通常の知識を有する人（当業者といいます）にとって、容易に発明できることだといえます。容易に発明できるかどうかを判断する時期は、特許出願時です。

　例えば、「乾燥機付き洗濯機」というものが世の中になかったとします。「乾燥機付き洗濯機」は新規性を有する発明ですが、従来からある「乾燥機」と「洗濯機」を単に組み合わせただけであれば、進歩性を有しない発明ということになり、特許を受けられません。

　このように、単なる設計変更や寄せ集め、最適な材料を選択しただけにすぎない発明は、進歩性がないと判断されます。

5　先に出願されていないこと（先願主義）

　同じ発明が特許出願されている場合には、特許権は最初に特許出願をした者だけに認められます（特39条）。これを「先願主義」といいます。同一の発明について異なった日に二以上の特許出願があった場合は、最先の特許出願人のみがその発明について特許を受けることができます。したがって、出願日は重要です。

　同一の発明について同日に二以上の特許出願があった場合は、特許庁長官から出願人に対して協議をするように命令が出されます。その協議で定められた一の出願人が、特許を受けることができます。もし、協議が成立しなかったり、協議自体ができなかったときは、いずれの出願人も特許を

受けられません。

　そのほかにも特許を受けるための要件として、公序良俗に反する発明や公衆衛生を害する発明ではないこと（特32条）も含まれます。公序良俗に反する発明には、偽札の製造機や、金塊密輸用チョッキ、遺伝子操作により得られたヒト自体などが該当します。

特許を受けることができる発明の要件

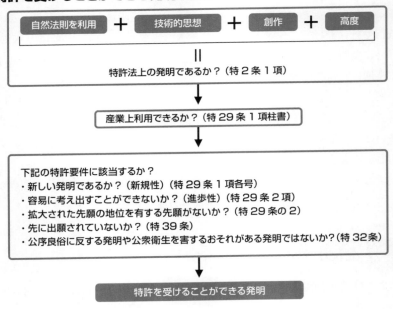

自然法則を利用 ＋ 技術的思想 ＋ 創作 ＋ 高度

＝

特許法上の発明であるか？（特2条1項）

産業上利用できるか？（特29条1項柱書）

下記の特許要件に該当するか？
・新しい発明であるか？（新規性）（特29条1項各号）
・容易に考え出すことができないか？（進歩性）（特29条2項）
・拡大された先願の地位を有する先願がないか？（特29条の2）
・先に出願されていないか？（特39条）
・公序良俗に反する発明や公衆衛生を害するおそれがある発明ではないか？（特32条）

特許を受けることができる発明

まとめ

特許要件として、①産業上利用できる発明、②新規性、③進歩性、④先願主義などが挙げられる。

Question の 正解と解説

正解 **B**

解説 特許出願に係る発明が、当該出願前に日本国内または外国において、①公然知られた発明、②公然実施をされた発明、③頒布された刊行物に記載された発明または電気通信回線（インターネット）を通じて公衆に利用可能となった発明、に該当する場合は、「新規性がない」としてその出願は拒絶されます（特29条1項各号、49条2号）。

A、**B**について、ブログに掲載された発明は、「電気通信回線を通じて公衆に利用可能となった発明」に該当し、新規性を失った発明として特許を受けることができません。また、発明内容を紹介した本を図書館に寄贈したことにより、「頒布された刊行物に記載された発明」に該当するため、新規性がないと判断されます。よって、**A**は誤りで、**B**が適切です。

Cについて、外国においても、「公然実施をされた発明」は新規性を失います。よって本肢は誤りです。

← Question は、11 ページ

3 特許出願の手続き

　電器メーカーの法務部で働いている新人のCさん。上司からよい経験になるからと、新しい発明Xに関する特許出願の手続きを一任されました。

　Cさんは上司から

「出願する前に、特許を受けられる可能性があるかどうか、先行特許文献をよく調べて判断するように」

と言われています。

　Cさんがひとりで特許出願の手続きを行うのは初めてなので、まずは自分で考えた方法を、上司に報告しなければなりません。

Question

　この場合、次の **A** 〜 **C** のうち、対応または考えとして正しいものを選び、その理由を答えなさい。ただし、正しいものは一つとは限りません。また、正しいものがない場合もあります。

A
出願してから公開まで１年６カ月かかるので、先行特許文献を調べるには、常に「公開特許公報」をチェックする必要がある。
明細書には、発明の属する技術分野における通常の知識を持った人がその発明を実施できる程度に、発明の内容を記載する。

B
「公開特許公報」には、今までに特許出願されたすべての案件が掲載されているので、現時点での公報を見れば先行特許文献の調査は十分である。
自社の特許出願の内容は他社に知られたくないので、明細書では重要な部分を説明しない。

C
出願された特許の内容は登録されるまでわからないので、「特許掲載公報」を確認する。
願書、明細書、特許請求の範囲は提出しなければならないが、図面と要約書は必要に応じて提出すればよい。

Hint 出願公開の流れと、特許出願に必要な書類を整理しておこう。

⟶ 正解と解説は、23 ページ

3. 特許出願の手続き

 Point 特許出願の際に提出する5種類の書類をおさえる

 Key word 願書、明細書、特許請求の範囲、図面、要約書、当業者、国内優先権

1 特許を受けることができる者

　発明は、発明を創作した個人の能力と努力に基づく成果です。この成果に関する権利は、発明をした本人が持っており、発明が完成すると「特許を受ける権利」が発生します。発明は、人間の創作活動によって生み出されるため、「発明者」は自然人に限られ、会社等の法人がなることはできません。未成年者であっても発明者となりえます。なお、発明を複数人で行えば、その各人が共同発明者です。また、会社の従業員が職務として業務範囲内で発明をした場合、原則として「職務発明」となります（特35条）。

　会社は従業員に対し、職務発明について特許を受ける権利を、譲り受ける予約ができます。契約や勤務規則において、あらかじめ会社に特許を受ける権利を取得させることを定めているときは、その特許を受ける権利は、従業員が職務発明を生み出した瞬間から会社に帰属します。そして、特許を受ける権利や特許権を従業員が会社に譲渡したときは、従業員は会社から相当の金銭その他の経済上の利益を受けることができます。

2　特許出願

　特許権は、発明が完成すると自動的に認められる権利ではないので、その保護を求める者は、特許庁に対して特許出願を行わなければなりません。

　特許出願をするには、願書に明細書、特許請求の範囲、必要な図面および要約書を添付し、特許庁長官に提出します（特36条）。

　明細書には、「発明の名称」「図面の簡単な説明」「発明の詳細な説明」を書きますが、発明の詳細な説明は、その発明の属する技術分野における通常の知識を有する者、いわゆる当業者が、その発明を実施できる程度に明確かつ十分に記載しなければなりません（特36条4項1号）。

　また、特許請求の範囲は、発明の詳細な説明に記載したもので、明確でなければならず、請求項ごとに簡潔に記載する必要があります（特36条6項1〜4号）。

特許出願時に提出する書類

特許出願時の提出書類	書類の内容
願書	特許付与を求める意思表示
明細書	特許出願に係る発明を特定し、その内容を開示 → 技術文献の役割 ①発明の名称　②図面の簡単な説明　③発明の詳細な説明 を記載しなければならない ③については、当業者が実施できる程度に、明確かつ十分に 記載しなければならない
特許請求の範囲	特許付与を求める発明を特定 → 審査対象を特定。権利化後は権利書の役割 発明は、明細書の「発明の詳細な説明」に記載したもので、明確であり、 請求項ごとの記載は簡潔でなければならない
図面	発明の内容を説明する図面（必要となる場合のみ）
要約書	特許出願に係る発明の概要

3 国内優先権

　基本的な発明について出願した後に、その改良発明ができあがったというような場合には、「国内優先権制度」が有効です（特41条）。国内優先権制度では、すでに特許出願している発明を基に創作した発明についても、先の出願とひとまとめにして出願することができます。先の出願は、特許出願のみならず、実用新案登録出願でも可能です。

　この制度のメリットは、国内優先権を主張した後の出願においても、先の出願と重複する部分は、新規性の判断など先の出願時にされたものと同様の扱いを受けられるという点です。

　ただし、この制度を利用するためには、先の出願日から1年以内に、後の出願をしなければなりません（特41条1項1号）。

　国内優先権の主張を伴う特許出願は、先の出願日から1年6カ月を経過したときに出願公開されます。出願審査請求は、後の出願日から3年以内に行う必要があります（特48条の3第1項）。特許権の存続期間は、後の出願日から20年を経過するまでです。

まとめ

特許出願に必要な書類は、①願書、②明細書、③特許請求の範囲、④必要な図面、⑤要約書である。
国内優先権を主張するには、先の出願から1年以内に後の出願をしなければならない。

Question の 正解と解説

正解 **A**

解説　特許出願は、原則として、特許出願の日から１年６カ月を経過すると公開され、「公開特許公報」に掲載されます（特64条）。また、特許を受けようとする者は、所定事項を記載した願書に、明細書、特許請求の範囲、必要な図面および要約書を添付して、特許庁長官に提出しなければなりません（特36条１項、２項）。

　明細書の「発明の詳細な説明」には、その発明の属する技術分野における通常の知識を有する者（いわゆる当業者）が、その実施ができる程度に明確かつ十分に記載する必要があります（特36条４項１号）。

Aについて、現時点では１年６カ月前までの特許出願しか調べることができず、先願をすべて調査するには、１年６カ月経過後の「公開特許公報」を見なければわかりません。随時、公開特許公報をチェックするのは有意義と考えられるため、前半部分は適切です。

　また、上述の通り、明細書の「発明の詳細な説明」には、当業者がその発明を実施できる程度に発明の内容を記載しなければなりません。よって、本肢は適切です。

Bについて、上述**A**の通り、現時点では公開されていない先願の特許出願が存在する可能性があります。出願時点で公開されていない特許出願は新規性や進歩性の判断基準にはなりませんが、公開されていなくとも先願の明細書や特許請求の範囲、または図面に記載されている発明と、自己の特許出願に係る発明が同一の場合は、特許を受けられません（特29条の２）。

特許法・実用新案法

意匠法

商標法

条約

著作権法

その他の知的財産に関する法律

また、明細書の「発明の詳細な説明」には当業者がその発明を実施できる程度に明確かつ十分に発明の内容を記載しなければなりません。よって、本肢は誤りです。

C について、前述の通り、特許出願の内容は１年６カ月後に「公開特許公報」に掲載されますので、「特許掲載公報」（設定登録後の特許を掲載）が発行される前の段階で、特許出願の内容を確認できます。よって、前半部分は誤りです。
　また、特許出願時に、図面は必須ではありませんが、要約書は必ず提出しなければならないため、後半部分も誤りです。よって、本肢は誤りです。

← **Question は、19 ページ**

4 特許出願後の手続き

　ベンチャー企業D社は、自社で開発した製品「携帯用音楽プレイヤー」のデータ記録媒体の発明について、特許出願をしました。出願審査も請求済みです。

　ある日、特許庁から

「その発明は先に出願されたYと同一とみなされるため、特許を受けることができない」

という旨の拒絶理由通知が届きました。

　D社では、特許出願をしたことがあまりなかったので、今後の対応がよくわかりません。対策会議を開くことになりました。

この場合、次の **A** 〜 **C** のうち、対応または考えとして正しいものを選び、その理由を答えなさい。ただし、正しいものは一つとは限りません。また、正しいものがない場合もあります。

A 特許庁から拒絶理由通知が送られてきた場合、この発明については特許を受けることができないので、あきらめて別の発明で特許取得を検討する。

B 拒絶理由通知において審査官が示した事項に納得がいかないので、不服審判を特許庁に請求する。

C 拒絶理由を解消するために、特許出願の内容を補正したうえで、補正により拒絶理由が解消した旨の意見を特許庁に主張する。

Hint 「拒絶理由通知」が審査のどの段階で出されるかを考えて、適切な対応を判断する。

———➡ 正解と解説は、32 ページ

Lesson

4. 特許出願後の手続き

💡 **Point** 出願公開→出願審査請求→（拒絶理由通知）→特許査定 or 拒絶査定という流れをつかむ

🔑 **Key word** 出願公開、出願審査請求、拒絶理由通知、意見書、手続補正書、特許査定、拒絶査定、拒絶査定不服審判、前置審査

特許出願後の流れ

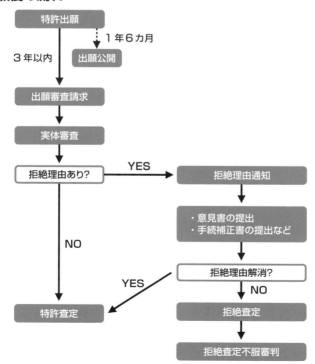

特許法・実用新案法

意匠法

商標法

条約

著作権法

その他の知的財産に関する法律

1 出願公開

　特許出願人は、特許権による発明の独占排他的実施という利益を得ることと引き換えに、その発明を公開しなければなりません。原則として、出願日から1年6カ月が経過すると、出願内容が公開され、「特許公報※（公開特許公報）」に掲載されます（特64条）。

　では、なぜ、特許権が発生する前に公開されるのでしょうか？

　もし、設定登録後の「特許公報（特許掲載公報）」が発行されるまで出願の内容がわからないとすると、第三者は同じ発明について研究や出願をしてしまうかもしれません。第三者による重複研究や重複投資、重複出願を防止するために、出願段階で出願内容を公開する制度が設けられています。

　出願日から1年6カ月が経過する前であっても、特許出願人は、公開の請求をすることができます（特64条の2）。いったん公開を請求すると、請求を取り下げることはできません。

※「公開特許公報」「出願公開公報」「公開公報」とも呼ばれます。本書では、「公開特許公報」という表記で統一します。

2 出願審査請求

　特許出願をしただけでは審査はしてもらえず、審査を受けるには、出願日から3年以内に出願審査請求をする必要があります（特48条の3）。

　なぜ、出願審査請求という手続きがあるかというと、とりあえず出願したけれど自社製品に採用しなくなり、特許がいらなくなるケースがあるからです。つまり、この3年の間に、出願した発明について本当に権利が必要かを出願人に考えてもらい、真に権利化を図りたい出願のみを審査できるようにするためといえます。なお、特許出願と同時に出願審査請求をすることも可能です。また、特許出願人だけでなく、誰でも出願審査請求をできますが、いったん請求するとそれを取り下げることはできません。出願から3年以内に出願審査請求がない場合は、その特許出願は取り下げたものとみなされますが、一定の要件の下、出願審査請求をすることができ

ます。ただし、故意に請求をしなかった場合ではないことが必要です（特48条の3第5項）。

　審査は原則、出願審査請求のあった順に行われますが、一定の条件に該当すれば優先的に審査される、早期審査制度や優先審査制度もあります。

3 実体審査

　出願審査の請求が行われると、その発明に特許権を認めるかどうか、すなわち拒絶理由があるかどうかの審査が、特許庁の審査官により開始されます。審査官は、出願された発明の内容を読み、その発明が新規性や進歩性を有しているかなどの特許要件について判断します。

　そして、審査官が審査をした結果、拒絶理由がなければ、特許査定となります。

4 拒絶理由通知

　審査官が、拒絶理由があると判断すると、出願人に拒絶理由が通知されます（特50条）。拒絶理由が通知された場合、出願人は拒絶理由をよく読んだのち、納得できなければ反論（意見書の提出）ができます。反論が認められれば拒絶理由は解消します。

　また、納得できたとしても、出願内容を修正（手続補正書の提出）するなどの対応により、拒絶理由が解消することがあります。すなわち、拒絶理由が通知されたからといって、特許が受けられなくなった、というわけではありません。

　出願を分割し、その一部を一または二以上の新たな特許出願とすること（特44条）や、実用新案登録出願や意匠登録出願に変更すること（実10条、意13条）も可能です。

拒絶理由通知を受けた場合の対応

対応	内容
意見書の提出	・審査官の認定が誤りであると判断した場合は、その旨を記載して反論する ・意見書を提出できる期間は、拒絶理由通知の際に指定された期間である
手続補正書の提出	・補正により拒絶理由を解消できると判断した場合は、手続補正書により出願内容を補充・訂正する ・新規事項の追加（出願当初の明細書等に記載されていない発明を追記する等）は禁止されている

5 特許査定と拒絶査定

　拒絶理由が解消すると特許査定となり（特51条）、拒絶理由が解消しなければ拒絶査定となります（特49条）。

　拒絶査定を受けた場合であっても、拒絶査定不服審判を請求して、その判断について争うことができます（特121条）。拒絶査定不服審判では、審査官が出した拒絶査定の妥当性について、特許庁の審判官が審理します。この審判の請求と同時に、手続補正書により出願内容を補正したり、出願を分割することが可能です。補正があったときは、審判官の審理が始まる前に、拒絶査定をした審査官が補正された出願内容について、再度審査します。これを、前置審査※といいます。

　さらに、拒絶査定不服審判での審理の結果（審決）について不服があれば、東京高等裁判所（知的財産高等裁判所）に拒絶審決の取消しを求める訴えを提起することもできます（特178条）。

※ 前置審査は特許法のみに設けられた制度で、意匠法、商標法にはありません。

まとめ

出願公開は、出願日から1年6カ月後に行われ、出願審査請求は3年以内に行う必要がある。拒絶理由通知を受けた場合は、意見書や手続補正書を提出する。また、出願の分割や、出願の変更も可能。

特許法・実用新案法

意匠法

商標法

条約

著作権法

その他の知的財産に
関する法律

正解 **C**

解説 　特許庁の審査官は、特許出願に対して拒絶査定をしようとするときには、特許出願人に対して拒絶の理由を通知し、相当の期間を指定して、「意見書」を提出する機会を与えなければなりません（特50条）。特許出願人は、指定された期間中に意見書を提出して、拒絶理由に反論することができます。また、この指定された期間内において、出願人は「手続補正書」を提出して、願書に添付した明細書、特許請求の範囲または図面を補正することが可能です（特17条の2第1項1～3号）。

　例えば、拒絶理由を解消するために、「手続補正書」を提出して特許請求の範囲を補正すると同時に、拒絶理由が解消されたことを「意見書」で主張できます。

　なお、不服審判（拒絶査定不服審判）とは、審査官から拒絶査定を受けて不服がある場合に、拒絶査定の妥当性について審理を求めることができる制度です（特121条）。

A について、上述の通り、拒絶理由通知が送られてきても、手続補正書や意見書を提出することにより拒絶理由が解消されたと審査官が判断すれば、特許査定を受けられる可能性があります。よって、本肢は誤りです。

B について、拒絶査定不服審判は、拒絶査定の謄本の送達があった場合に請求することができるのであって、拒絶理由通知を受けた際の対応策ではありません。よって、本肢は誤りです。

🄲について、前述の通り、手続補正書や意見書の提出は、拒絶理由を解消するために有効な対応策です。よって、本肢は適切です。

⟵ Question は、26 ページ

5 特許権の管理と活用

　食品メーカーE社では、コーヒー豆やコーヒー飲料を販売しており、コーヒーの抽出製法に関する特許権Pを保持しています。しかし、コーヒー部門の経営が悪化したため、コーヒー事業から撤退することになりました。

　撤退を表明してからしばらく経ったころ、同業の食品メーカーF社より、特許権Pに係るコーヒーの抽出製法を独占的に使用させてほしい、との打診を受けました。

　この特許権Pを有効活用するためには、F社に対してどのような対応をするのが最適でしょうか？

Question

　この場合、次の **A** ～ **C** のうち、対応または考えとして正しいものを選び、その理由を答えなさい。ただし、正しいものは一つとは限りません。また、正しいものがない場合もあります。

A　特許権Ｐに係る発明を実施しなくなるのであれば、Ｆ社に特許権Ｐを売って対価を得るのがよい。

B　Ｆ社には専用実施権を設定せず、通常実施権を許諾し、ほかの複数の会社にも通常実施権を許諾してライセンス料という利益を得るのがよい。

C　Ｆ社には特許権Ｐのすべての範囲における専用実施権を設定し、他社からライセンス契約の申し出があったときは、通常実施権を許諾するとよい。

Hint　ライセンスには、大きく分けて「専用実施権」と「通常実施権」がある。

➡ 正解と解説は、40 ページ

特許法・実用新案法
意匠法
商標法
条約
著作権法
その他の知的財産に関する法律

5.特許権の管理と活用

Point 特許権の発生する時点と期間、ライセンスの方法を整理する

Key word 設定登録、特許掲載公報、専用実施権、通常実施権、職務発明、先使用権、譲渡

1 特許権の発生

　特許権は、特許査定を受けただけでは得られません。特許査定を受けてから所定期間内に第１年から第３年までの特許料を納付すると特許権の設定登録がされ、その設定登録により権利が発生します（特108条１項、66条１項、２項）。設定登録後は、特許権者の氏名や、明細書、特許請求の範囲等が掲載された「特許公報（特許掲載公報）」が発行されます（特66条３項）。なお、特許掲載公報の発行の日から６カ月以内は、特許が新規性を有していない等の理由により、特許異議の申立てによって特許が取り消されることがあります（特113条）。

　４年目以降も特許権を維持するためには、前年以前に特許料を納付しなければなりません（特108条２項）が、納付期限が経過した後でも６カ月以内であれば追納することができます（特112条１項）。なお、追納期間に納付しないと特許権は消滅したものとみなされますが、一定の要件の下、追納することができます。ただし、故意により納付しなかった場合ではないことが必要です（特112条の２第１項）。

2　特許権の存続期間

　日本国では、特許権の存続期間は特許出願日から原則として20年で終了します（特67条1項）。一定の場合に、延長登録出願により存続期間を延長できる場合があります（特67条2項、4項）。例えば、医薬品等に係る特許権については、最大で5年延長されることがあります（特67条4項）。

特許権の発生と存続期間

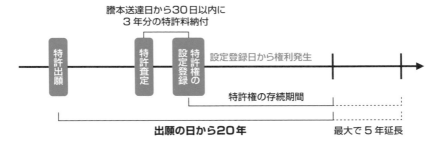

3　特許権の活用

　特許権者は、自ら特許発明を独占排他的に実施するだけでなく、第三者に実施許諾をしたり（一般にライセンスといいます）、特許権を譲渡することができます。

（1）特許権者の意思に基づくライセンス

　ライセンス方法には、専用実施権の設定や通常実施権の許諾があります（特77条、特78条）。

①専用実施権

　専用実施権者は、設定された範囲において、特許発明を独占排他的に実施する権利を有します（特77条2項）。専用実施権を設定した場合には、

重複する範囲について複数人に専用実施権を設定することができず、また、たとえ特許権者であっても、その範囲内では特許発明を実施することはできません（特68条ただし書）。ただし、専用実施権の設定は、特許庁に登録しなければ効力を生じません（特98条1項2号）。

②通常実施権

通常実施権は、許諾された範囲内で特許発明の実施が認められる（言い換えると、特許権者から差止請求権や損害賠償請求権を行使されない）権利です（特78条2項）。特許権者は、重複する範囲について複数人に通常実施権を許諾することができます。したがって、他人に通常実施権を許諾していても、特許権者はその発明を実施することが可能です。

通常実施権には、契約の相手以外には実施権を許諾しない旨の特約を伴う独占的通常実施権があります。これは、特許法上に規定はなく、通常実施権の契約形態の一つです。独占的とはいえ通常実施権であることには変わりありません。

通常実施権は当事者間の契約のみで発生し、特許庁への登録は必要ありません。

特許権が共有に係る場合、他人に通常実施権や専用実施権を許諾・設定するには、他の共有者の同意が必要になります（特73条3項）。

専用実施権も通常実施権も、内容・地域・期間を限定して認めることが可能です（特77条1項、78条1項）。

（2）特許権者の意思に基づかない通常実施権

ライセンスは原則、権利者の意思に基づいて行われますが、例外的に本人の希望とは関係なく、他人に通常実施権が付与されることもあります。

例えば、会社に勤務する従業者が職務発明をして自ら特許権を取った場合に、会社側には通常実施権が認められます（特35条）。また、特許出願前からその出願に係る発明を知らずに自ら発明して日本国内で実施（また

はその準備）をしていると、先使用権が認められ、特許権者に実施料を支払わずに、発明を実施できるケースもあります（特79条）。

　また、特許権が認められてから継続して３年以上、特許を受けた発明が日本国内で実施されていないときは、特許庁による裁定がなされ通常実施権が認められる場合もあります（特83条）。

（3）特許権の譲渡

　特許権は財産権であるため、他人に譲渡することができます。すなわち、発明者＝特許権者とは限りません。特許権が共有に係る場合は、他の共有者の同意を得なければ自己の持分でも譲渡できません（特73条１項）。

まとめ

特許権は設定登録をもって発生し、存続期間は原則として、出願の日から20年で終了する。
ライセンスの方法には専用実施権と通常実施権があり、特許権者の意思に基づかない通常実施権として、職務発明の場合や先使用権がある。

Question の 正解と解説

解説　特許権者は、他人に特許発明（特許を受けた発明）の実施を認めること（ライセンス）ができます。実施権としては、「専用実施権」と「通常実施権」があり、専用実施権とは、設定した範囲内で特許発明を独占排他的に実施できる権利で、通常実施権は非独占的に実施できる権利です。

Ａ について、今後も特許発明を実施しないことが決定しているならば、特許料など特許権を維持するコストを削減するためにも、特許権を譲渡して利益を得るのは一つの策だといえます。よって、本肢は適切です。

Ｂ について、通常実施権は複数人に同じ範囲で重ねて許諾できるため、ライセンス料で収益を上げることが可能です。よって、本肢は適切です。

Ｃ について、特許権のすべての範囲において専用実施権を設定した場合、他社に通常実施権を許諾することができません。よって、本肢は誤りです。

← **Question は、35 ページ**

6 特許権の侵害と救済

特許法・実用新案法

意匠法

商標法

条約

著作権法

その他の知的財産に
関する法律

　ＡＶ機器を製造するＧ社は、業界では新進のメーカーで、次々と斬新な液晶テレビやホームシアターシステムなどを発表しています。

　ホームシアターの新製品を順調に売り上げている最中、競合他社のＨ社から

「貴社が先月発売したスピーカーＺは、当社の保有する特許権Ｙを侵害している」

という警告書が届きました。Ｇ社は今まで警告書を受けた前例がなかったため対処がよくわからず、社内会議で話し合っています。

この場合、次の **A** 〜 **C** のうち、対応または考えとして正しいものを選び、その理由を答えなさい。ただし、正しいものは一つとは限りません。また、正しいものがない場合もあります。

A H社が、特許権Yの正式な特許権者か否かを確認するために、特許掲載公報を確認する。

B 特許権Yを調査した結果、3カ月後に消滅することが判明した。消滅すれば特許権は行使できないと判断し、警告は無視することにした。

C H社の特許に無効理由があれば特許無効審判を請求できるので、弁理士に無効理由を有しているかを調査するよう依頼した。

Hint 特許権侵害を警告された場合は、リスクを最小限に抑えられる手段を取る。

⟶ **正解と解説は、47 ページ**

Lesson

6. 特許権の侵害と救済

💡 **Point** 特許権が侵害された場合と警告を受けた場合、それぞれの立場で何をすべきかを理解する

🔑 **Key word** 確認、警告、差止め、損害賠償、不当利得返還、信用回復措置、特許原簿、特許異議の申立て、特許無効審判

1 特許権の効力

　特許権を取得するメリットは、特許発明を用いた製品の生産、使用、譲渡（有償・無償は問わない）、輸出、輸入等の行為を独占でき、他人の実施を排除できる権利が一定期間与えられる、という点です（特68条）。なお、独占できる範囲（特許発明の技術的範囲といいます）は、願書に添付された特許請求の範囲の記載に基づいて定められます（特70条）。

　ただし、試験または研究のために特許発明を実施する場合など、特許権者の許諾を得ていなくても実施できる例外が認められています（特69条）。

　なお、特許権者や実施権者から購入した製品については、特許権が消尽しているため、特許権者の許諾を得なくてもその製品を使用したり、転売することができます。

2 特許権侵害を発見した場合の対応（特許権者側）

　正当な権原なく特許発明を無断で実施すれば、特許権を侵害する行為に該当します。特許発明が特許権者に無断で実施されていると判断したときは、どうすればよいでしょうか？

43

権利侵害の可能性のある場面において、主導権を握るのは特許権者です。権利侵害の事実やそのおそれを見つけたら、特許権を侵害していることを特許権者が侵害者に気づかせなければなりません。

最も一般的な方法は、特許権の侵害を通知するための**警告書**を、侵害者に送ります。その文面では、警告に応じずに権利侵害行為を続けるのであれば、その先には訴訟が控えていることを示唆します。したがって警告は、侵害行為の抑制や、ライセンス交渉の成功といった良い結果につながることが多いようです。

しかし、どんなに長い時間を費やし交渉しても、相互に納得のいく結論を導き出せないこともあります。交渉で話がまとまらなければいよいよ訴訟となり、侵害品の生産や販売などの差止請求（特100条）、損害賠償請求（民709条）、不当利得返還請求（民703条、704条）、信用回復措置請求（特106条）をすることとなります。

さらに、特許権を侵害する者に対しては、10年以下の懲役もしくは1000万以下の罰金が刑事罰として科され、場合によっては、両方が適用されることもあります（特196条）。

特許権侵害を発見した場合の対応

| 確認 | 自己の特許に無効理由がないか等を確認 |

↓

| 警告 | 侵害者に実施を中止するように警告（警告書を送付） |

↓

差止請求	警告によっても実施をやめない場合、裁判所に差止めを請求
損害賠償請求	侵害により生じた損害について、その賠償を請求
不当利得返還請求	侵害により得た利益の存する限度において、その利得の返還を請求
信用回復措置請求	裁判所に訴え、業務上の信用回復のために必要な措置を請求

3 特許権侵害であると警告された場合の対応（実施者側）

　特許権侵害であると警告を受けた場合、まずは実際に特許権が存在しているか、警告者が特許権者であるかなどを、「特許原簿」で確認する必要があります。存続期間の満了によりすでに特許権が消滅していたり、特許権が譲渡されて、警告者が特許権者ではなくなっている可能性があるからです。

　ただし、損害賠償請求と不当利得返還請求は、特許権の存続期間の満了後でも行うことができます。

　そして、実施品が特許権侵害に当たるか否かについて、確認しなければなりません。具体的には、実施品が特許発明の技術的範囲に属するかを、特許請求の範囲の記載に基づいて判断します。実施品が特許発明の技術的範囲に属さなければ、原則として、特許権の侵害とはなりません。

　実施品が特許権の侵害に当たると判断した場合は、その特許に新規性違反などの無効理由がないかどうかを調査します。

　無効理由が存在するならば、特許無効審判（特123条）を請求して、その特許を無効にできることがあります。なお、特許無効審判は利害関係人のみ請求できます。

　また、無効理由があるときは、本来無効となるべき権利を行使することは認められないという旨を、訴訟のなかで主張することも可能です（特104条の3）。

　なお、特許掲載公報の発行日から6カ月以内であれば、何人も前述の特許異議の申立てをすることもできます（特113条）。

特許権侵害であると警告された場合の対応

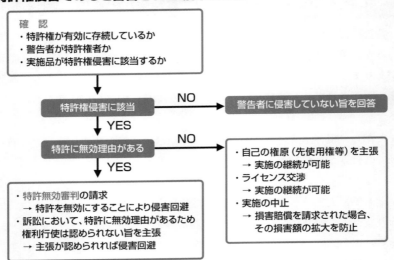

確認
・特許権が有効に存続しているか
・警告者が特許権者か
・実施品が特許権侵害に該当するか

特許権侵害に該当 ── NO → 警告者に侵害していない旨を回答

YES

特許に無効理由がある ── NO →
・自己の権原（先使用権等）を主張
　→ 実施の継続が可能
・ライセンス交渉
　→ 実施の継続が可能
・実施の中止
　→ 損害賠償を請求された場合、
　　その損害額の拡大を防止

YES

・特許無効審判の請求
　→ 特許を無効にすることにより侵害回避
・訴訟において、特許に無効理由があるため
　権利行使は認められない旨を主張
　→ 主張が認められれば侵害回避

まとめ

侵害を発見した場合は、「確認」→「警告」→「差止」・「損害賠償」という流れで対応。侵害であると警告された場合は、「特許原簿を確認」→「特許に無効理由があるかを確認」→「特許無効審判の請求」又は「実施の中止」などという流れで対応する。

Question の 正解と解説

正解 **C**

解説 **A** について、「特許掲載公報」は、特許権が設定登録された時点での権利の内容が掲載されているものであり、その後、当該特許権が移転等されても反映されません。現在の特許権の設定、移転、消滅等の事項は、特許庁が備える「特許原簿」に登録されます。したがって、特許権者を確認するためには、特許掲載公報ではなく、特許原簿を閲覧する必要があります。よって、本肢は誤りです。

B について、たとえ3カ月後に特許権が消滅するとしても、侵害して製造販売をしたことによりG社がH社に損害を与えた場合は、H社から損害賠償を請求されるおそれがあります。よって、本肢は誤りです。

C について、H社の特許に無効理由があれば、特許無効審判を請求し、H社の特許権を消滅させることができます。また、実際に侵害訴訟が提起された場合でも、その訴訟において、H社の特許が特許無効審判により無効にされるべきであり、G社に対しその権利を行使することができない旨を主張することが可能です（特104条の3）。そのため、H社の特許が無効理由を有していないかの調査を弁理士に依頼することは、警告を受けたG社としては妥当な行為です。よって、本肢は適切です。

← Question は、42 ページ

特許法・実用新案法

意匠法

商標法

条約

著作権法

その他の知的財産に関する法律

7 実用新案法

　文房具を製造・販売するN社は、数種類の芯を入れて、ノックする場所によって太さの違う芯が出てくるシャープペンシルを新たに制作しました。今までに、数種類の色の芯を入れて、ノックする場所によって色の違う芯が出てくるボールペンはありましたが、太さの違う芯が出てくるシャープペンシルはありませんでした。

　N社の営業部の部員は、このシャープペンシルを本格的に市場に売り出す前に、知的財産権を取得しておきたいと考えています。そこで、知的財産部の部員に相談してみましたが、「従来のボールペンの技術を応用すれば簡単にできるから、権利化は無理だよ」と言われてしまいました。営業部の部員は、権利の取得をあきらめようかと悩んでいます。

ムリ！

知的財産権を取りたいのだけど…

Question

　この場合、次の **A** 〜 **C** のうち、対応または考えとして正しいものを選び、その理由を答えなさい。ただし、正しいものは一つとは限りません。また、正しいものがない場合もあります。

A　シャープペンシルそのものに加え、その製造方法についても、実用新案権を取得できる可能性がある。

B　半年後の販売までに権利化したいが、実体審査に時間がかかるため権利化は断念するしかない。

C　このシャープペンシルは技術的に高度ではないため特許権の取得は難しいが、いわゆる小発明を保護する実用新案権であれば、権利化できる可能性がある。

Hint　実用新案法では、物品の形状、構造または組合せに係る考案を保護する。

――▶ 正解と解説は、52 ページ

特許法・実用新案法

意匠法

商標法

条約

著作権法

その他の知的財産に関する法律

7. 実用新案法

🔑
Key word　考案、自然法則、技術的思想、創作、実用新案技術評価書

1　実用新案法

　実用新案法は、いわゆる小発明を保護する制度です。保護対象は考案であり、「自然法則を利用した技術的思想の創作」とされています（実2条1項）。特許法と異なり、「高度のもの」は要件とされていません。

　また、方法の考案は、実用新案登録を受けることができません。

発明（特許法）……　自然法則を利用した技術的思想の創作のうち
　　　　　　　　　　高度のもの
考案（実用新案法）……　自然法則を利用した技術的思想の創作

2　実用新案法と特許法の違い

　実用新案法については、特許法との違いを中心に、以下の点を整理しておきましょう。

　実用新案権の存続期間は、出願日から10年で終了します（実15条）。実用新案は、新規性や進歩性などの実体的な要件について、特許庁における

審査を受けることなく登録されますので、比較的早く権利を取得できます（実14条2項）。

実用新案法と特許法の違い

法律	権利の存続期間	審査方法
実用新案法	出願日から10年（延長なし）	方式審査のみ
特許法	出願日から20年（延長する場合あり）	方式審査と実体審査

ただし、このことは裏を返せば、新規性などの要件を満たしているかがわからない不安定な権利であるといえます。例えば、実用新案権を侵害していると判断したときでも、実はその権利は実体的な要件を満たしておらず、無効とされるべきなのかもしれません。

そこで、実用新案権侵害であるとして権利者が差止めを請求する場合などには、実用新案技術評価書（権利の有効性を特許庁の審査官が評価したもの）を相手方に提示して警告をしなければならないなど、一定の制限が課されています（実29条の2等）。

まとめ

実用新案権は、実体審査がないので早期に権利取得できるが、存続期間は出願の日から10年と短い。また、権利行使するには、相手方に実用新案技術評価書を提示して警告しなければならない。

特許法・実用新案法

意匠法

商標法

条約

著作権法

その他の知的財産に関する法律

| 正解 | **C** |

解説 Ⓐについて、実用新案制度の保護対象は「物」の考案に限定されており、製造方法のような「方法」の考案は含まれていません。よって、本肢は誤りです。

Ⓑについて、実用新案権は、特許権と異なり特許庁の実体審査は行われません。実体審査を経ずに権利が認められるので、早期に権利を取得することが可能です。よって、本肢は誤りです。

Ⓒについて、実用新案法では、日用品のような考案を保護します。発明は高度であることが求められますが、考案は創作であればよく、高度であることは求められません。いわゆる「小発明」を保護するのが実用新案制度です。したがって、シャープペンシルは、実用新案権を取得できる可能性があります。よって、本肢は適切です。

← Question は、49 ページ

特許法・実用新案法

意匠法

商標法

条約

著作権法

その他の知的財産に関する法律

特許、意匠、商標の相違点 Column 1

　特許法は発明という技術的側面から、意匠法はデザイン面から、「アイデア（創作）」を保護しています。他方、商標制度の目的は、特許や意匠の制度のように新たな創作を促進させることではなく、商品やサービスの名称を通じて、そこに蓄積された業務上の信用を保護することにあります。この点が、アイデアを保護する特許法や意匠法と、標識を保護する商標法との大きな違いです。

　したがって、商標において要件とされる識別性が、美感を起こさせることを要件とする意匠では必要とされません。商標は他人の商品やサービスから区別するための標識であるため、装飾性は問われない代わりに、視覚的なマークから構成された識別力が不可欠なのです。

　また、特許法と意匠法が異なる点は、保護対象です。意匠法は製品等の外観を保護しますが、特許法では技術的思想の創作という技術的アイデアを対象としています。

　私たちの身の回りにある商品は、これらの法律により、さまざまな側面から保護を受けているのです。

意匠法

8 意匠法の保護対象と登録要件

　子ども向けのキャラクター商品を開発・販売するＩ社は、新しいキャラクターを使った商品を発売する準備をしています。ラインアップには、キャラクターがデザインされた鉛筆やノートなどの文房具、体育用具などを入れる布バッグ、キャラクターの刺繍をしたアップリケ等、学校で必要なものを揃えました。

　Ｉ社は、これらの商品について意匠登録出願をして意匠権を取得することを検討しています。

Question

　この場合、次の **A** ～ **C** のうち、対応または考えとして正しいものを選び、その理由を答えなさい。ただし、正しいものは一つとは限りません。また、正しいものがない場合もあります。

A さまざまな物で意匠権を取得した方がよいので、文房具や布バッグはもちろん、キャラクターデザインについても意匠登録出願する。

B 長時間使っても手が疲れにくい形状の鉛筆を開発した。このアイデアについても意匠登録出願する。

C 意匠登録は立体的な物しか受けられないので、文房具や布バッグは出願するが、キャラクターを刺繍しただけのアップリケについては出願しない。

Hint 意匠法の保護対象である「意匠」の定義を、意匠法2条1項で確認しよう。

⟶ 正解と解説は、66 ページ

8. 意匠法の保護対象と登録要件

1 意匠とは

　意匠法は、「意匠の保護および利用を図ることにより、意匠の創作を奨励し、ひいては産業の発達に寄与すること」を目的としています（意1条）。意匠とは、ある製品における装飾的・美術的に優れた側面です。意匠は主に工業製品の外観であるといえるため、多くの製品に関係しています。例えば、自動車、衣料、宝飾品、家具や電気製品、産業機械に至るまで、さまざまです。消費者の興味をひく製品の見た目が意匠であるともいえますので、意匠は、市場における製品に付加価値をもたらしています。

　日常よく見かける物にも、意匠権は多く発生しています。どのような意匠が登録されているか、参考に見てみましょう。

意匠登録　第1394201号
意匠に係る物品：乗用自動車
意匠権者：トヨタ自動車株式会社

意匠登録　第1411879号
意匠に係る物品：包装用瓶
意匠権者：サントリーホールディ
　　　　　ングス株式会社

2　保護対象

条文

意匠法2条　この法律で「意匠」とは、物品（物品の部分を含む。以
　下同じ。）の形状、模様若しくは色彩若しくはこれらの結合（以下
　「形状等」という。）、建築物（建築物の部分を含む。以下同じ。）の
　形状等又は画像（機器の操作の用に供されるもの又は機器がその機
　能を発揮した結果として表示されるものに限り、画像の部分を含
　む。次条第二項、第三十七条第二項、第三十八条第七号及び第八号、
　第四十四条の三第二項第六号並びに第五十五条第二項第六号を除
　き、以下同じ。）であつて、視覚を通じて美感を起こさせるものを
　いう。

　意匠とは、「物品の形状、模様若しくは色彩若しくはこれらの結合、建
築物の形状等又は画像であつて、視覚を通じて美感を起こさせるもの」と
意匠法において定義されています（意2条1項）。すなわち、意匠法によ
る保護を受けるためには、物品の形状等や建築物の形状等や画像でなけれ

特許法・実用新案法

意匠法

商標法

条約

著作権法

その他の知的財産に
関する法律

ばなりません。特許法や実用新案法の保護対象である技術的な思想は保護
されません。

　建築物の外観・内装のデザインや、物品に記録・表示されていない画像
も保護対象となります。

①物品・建築物・画像

「物品」とは、有体物（動産）のうち、市場で流通する動産をいい、動産
とは土地およびその定着物（不動産）以外のものをいいます。ただし、そ
れのみでは通常、独立の製品として取引されない物品の部分（部分意匠）
も意匠登録の対象となりえます。

　意匠法上の「建築物」として保護を受けるためには、①土地の定着物で

物品として認められないもの

例	例外
✕ 土地およびその定着物	使用時には不動産であっても、販売時は動産として取り扱われる物は物品（例）門、組立て式バンガロー
✕ 電気、光、熱などの無体物	
✕ 粉状物、粒状物	集合したものが固定の形態を有する物は物品（例）角砂糖

あることと、②人工構造物であること、いずれをも満たしていることが必
要です。例えば、住宅、工場、競技場などが考えられます。これに対し、
土地に定着させるものではあるものの、動産として取引される庭園灯等は
「建築物」にあたりません。また、自然の山や石や樹木は人工的なもので
はないため、意匠法の保護対象とはなりません。

　意匠法上の「画像」（物品から離れた画像自体）として保護を受けるた
めには、①ウェブサイトの商品購入用画像などの「機器の操作の用に供さ
れる画像（操作画像）」、②医療用測定結果表示画像などの「機器がその機
能を発揮した結果として表示される画像（表示画像）」、のいずれかである

ことが必要です。これにより、映画やゲーム等のコンテンツ画像、デスクトップの壁紙等の装飾画像については、意匠権の保護対象となりません。

また、「物品の部分としての画像を含む意匠」として保護を受けることもできます。この場合、①画像を表示する物品の機能を発揮できる状態にするための操作の用に供されるもの、②画像を表示する物品の機能を果たすために必要な表示を行うものの少なくともいずれか一方に該当することが必要です。これにより、同じく、映画やゲーム等のコンテンツ画像、デスクトップの壁紙等の装飾画像については、意匠権の保護対象となりません。

②視覚を通じて

意匠登録出願されたものの全体の形状等が、肉眼によって認識することができるものでなければなりません。

③美感を起こさせる

美術品のように高尚な美を要求しているのではなく、何らかの美感を起こすものであれば足りるとされています。例えば、機能や作用効果を主目的としたもので、美感をほとんど起こさせないものは、意匠法の保護対象外です。

3 意匠登録の要件

日本国において、意匠が保護されるためには、意匠法に基づいて特許庁の審査を通過し、意匠登録を受ける必要があります。意匠が工業的に量産されうるものでなければ、意匠登録は認められません（意3条1項柱書）。また、新しい意匠であることや創作非容易性などの要件が問われます。

（1）工業上利用できる意匠であること

意匠法も特許法と同様、「産業の発達に寄与」することを目的としてい

特許法・実用新案法

意匠法

商標法

条約

著作権法

その他の知的財産に関する法律

61

ます（意1条）。そのため、「工業上利用できる意匠」とは、物品の意匠の場合は、同一のものを複数製造しうる意匠であることが必要です（意3条1項柱書）。自然の石をそのまま用いた置物のように、自然物を意匠の主な要素としているものや、絵画のように純粋に美術の分野に属する著作物は、同一物を量産できないため、意匠法の保護を受けることができません。

（2）新しい意匠であること（新規性）

意匠制度の趣旨は、新しい価値を生み出している意匠を保護することにあります（意3条1項各号）。すでに世の中に知られている意匠は、保護する必要がないと考えられます。意匠法では、新規性のない意匠として、以下のものが規定されています。

---

①意匠登録出願前に日本国内または外国において、公然知られた意匠
②意匠登録出願前に日本国内または外国において、頒布された刊行物に記載された意匠、または電気通信回線を通じて公衆に利用可能となった意匠
③上記2つの意匠に類似した意匠

新規性の判断基準は「出願時」です。例えば、午前中に発表した商品の意匠を、その日の午後に意匠登録出願したとしても、出願時において新規性を失っているので、原則としてその意匠は意匠登録を受けることができません。また、日本国内のみならず外国で知られた意匠や、さらに同一の意匠だけではなく類似の意匠についても、新規性のない意匠として扱われます。

なお、新規性を喪失したとしても、新規性喪失の例外規定の適用を受けることにより、その意匠は新規性を喪失しなかったものとみなされる場合があります（意4条）。例外規定の適用を受けられる行為は、次の通りです。

> ① 意匠登録を受ける権利を有する者の意に反して公知となった場合
> ② 意匠登録を受ける権利を有する者の行為（試験販売を含む）に起因
> 　 して公知となった場合

　新規性喪失の例外規定の適用を受けるには、その意匠が公知となった日から1年以内に出願しなければなりません。さらに、②に該当する場合は、この適用を受けたい旨を記載した書面を意匠登録出願と同時に提出し、かつ出願から30日以内に、公知となった意匠がこの規定の適用を受けられる意匠であることを証明する証明書を、提出する必要があります。

　近年、開発過程において意匠公開の機会が増えているなか、公開意匠を網羅した証明書を作成することは、過大な負担となっていました。そこで、令和6年1月1日以後の出願については、意匠登録を受ける権利を有する者（権利の承継人を含む）の行為に起因して公開された同一又は類似する意匠のうち、最先の公開日の行為について証明書を提出すれば足りることとなりました。また、最も早い公開日に複数の公開が行われた場合は、最先の公開日の行為のうちの先後関係は問わず、いずれか1つを証明すれば足りることとなりました。例えば、意匠Aについて①午前10時に展示会で発表し、②同日の午後1時に店舗で販売し、その後、③1週間後にSNSサイトに掲載した場合、①または②の公開行為について証明書が提出されていれば、③の公開について証明は不要となります。

（3）容易に創作できる意匠ではないこと（創作非容易性）

　従来から存在するデザインに基づいて容易に創作できる意匠は、意匠登録を受けることができません（意3条2項）。このような意匠に意匠権を認めてしまうと、誰でも簡単に作れる創作性の低い意匠の実施を制限してしまい、かえって産業の発達を妨げるおそれがあるからです。その判断基準は、その意匠の属する分野における通常の知識を有する者（いわゆる当業者）が、容易に創作できるか否かです。

創作非容易性を満たさない意匠と認められる例として、以下が挙げられます。

①置き換え
意匠の構成要素の一部を他の意匠等に置き換えること
②寄せ集め
複数の既存の意匠等を組み合わせて、一の意匠を構成すること
③一部の構成の単なる削除
意匠の創作の一単位として認められる部分を、単純に削除すること
④配置の変更
意匠の構成要素の配置を、単に変更すること
⑤構成比率の変更
意匠の特徴を保ったまま、大きさを拡大・縮小したり、縦横比等の比率を変更すること
⑥連続する単位の数の増減
繰り返し表される意匠の創作の一単位を、増減させること
⑦物品等の枠を超えた構成の利用・転用
既存の様々なものをモチーフとし、ほとんどそのままの形状等で種々の物品に利用・転用すること

（4）先に出願されていないこと（先願主義）

意匠権は独占排他権であるため、同一または類似の意匠について、重複権利は認められません。同一または類似の意匠について二以上の意匠登録出願があったときは、最先の出願人のみが意匠登録を受けることができます（意9条1項）。これを先願主義といいます。

同日に同一または類似の意匠で二以上の出願があった場合は、特許法と同様、特許庁長官から協議命令が出され、協議において合意で定められた一の出願人のみが、意匠登録を受けることができます。しかし、協議が成

立しなかったり、協議自体ができなかったときは、いずれの出願人も意匠
登録を受けられません。

　そのほか、公序良俗に反する意匠や、他人の業務に係る物品、建築物又
は画像と混同を生じるおそれのある意匠、物品の機能を確保するために不
可欠な形状、建築物の用途にとって不可欠な形状のみからなる意匠、画像
の用途にとって不可欠な表示のみからなる意匠など、意匠登録を受けるこ
とができない意匠（意5条）に該当しないことが、意匠登録が認められる
要件となっています。

まとめ

意匠とは、物品の形状、模様もしくは色彩もしくはこれらの結合、建
築物の形状等又は画像であって、視覚を通じて美感を起こさせるもの
をいう。登録要件として、①工業上利用できる意匠、②新規性、③創
作非容易性、④先願主義などが挙げられる。

Question の 正解と解説

正解	なし

解説　意匠法において、保護対象となる意匠は、物品の形状等や建築物の形状等や画像です（意2条1項）。キャラクターがデザインされた文房具や布バッグやキャラクターが刺繍されたアップリケは物品性を有しているため、他の登録要件（意3条等）を満たすことにより、意匠登録を受けられる可能性があります。

A について、上述のとおり、文房具や布バッグは、意匠登録を受けられる可能性があります。しかし、「キャラクターデザイン」は物品の形状等ではないため、意匠登録を受けられません。よって、本肢は誤りです。

B について、「長時間使っても手が疲れない形状」といった技術的思想は、特許法や実用新案法の保護対象であり、意匠法の保護対象とはなりません。よって、本肢は誤りです。

C について、物品性を有していれば、立体的でなくても意匠登録を受けられる可能性があります。よって、本肢は誤りです。

⟵ Question は、57 ページ

9 意匠登録を受ける ための手続き

　食器メーカーのJ社では、ウサギを共通のデザインモチーフとしたナイフ・フォーク・スプーンのセットを、新しい主力商品にしようと考えています。全国で発売する前に、この商品が本当に人気が出るかどうかの裏付けを取るため、試験的に販売し、売上動向を観察することにしました。

　3カ月後、売れ行きはまずまずだったので、本格的に市場へ投入することが決定。このウサギのデザインについて意匠登録を受けるため、ナイフ・フォーク・スプーンのセットを一つの意匠として、さっそく出願しました。

特許法・実用新案法

意匠法

商標法

条約

著作権法

その他の知的財産に関する法律

売り出すぞー

この場合、次の **A**〜 **C** のうち、対応または考えとして正しいものを選び、その理由を答えなさい。ただし、正しいものは一つとは限りません。また、正しいものがない場合もあります。

A 複数の物品は一つの意匠として意匠登録出願できないので、ナイフ・フォーク・スプーンは、別々に出願しなければならない。

B 意匠登録出願前に販売をした場合、公然知られた意匠となり、新規性が失われてしまうため、意匠登録を受けることができない。

C 出願後は、所定の期間内に出願審査請求をする必要がある。

Hint 意匠登録が認められる原則的な条件と、その例外とは？

➡ 正解と解説は、73 ページ

Lesson

9. 意匠登録を受けるための手続き

Point 意匠登録出願に必要な書類と、審査の流れ、拒絶理由通知への対応を整理する。特殊な出願の内容をおさえる

Key word 願書、図面、一意匠一出願、拒絶理由通知、意見書、手続補正書、拒絶査定不服審判、部分意匠、動的意匠、組物の意匠、関連意匠、内装の意匠、秘密意匠

1 意匠登録出願

　意匠を創作すると、その創作者に「意匠登録を受ける権利」が発生します（意3条1項柱書）。この権利は自然人（いわゆる人間）にのみ与えられ、法人（会社など）には認められません。ただし、意匠登録を受ける権利は財産権の一種なので他人に譲渡することができ、譲渡する相手は自然人でも法人でも可能です。

　意匠登録を受けようとする者は、願書に、意匠を記載した図面を添付し、特許庁長官に提出します（意6条）。また、経済産業省令に定めるところにより、意匠ごとに出願しなければなりません（意7条）。これを、「一意匠一出願の原則」といいます。

　複数の意匠についての出願を、一の願書により出願することができますが、審査はあくまでも意匠ごとに行われ、意匠ごとに権利が発生します。

意匠登録出願時に提出する書類

提出書類	書類の内容
願書	意匠登録を求める意思表示 + 出願に係る意匠を物品等の面から特定
図面	出願に係る意匠を形状等の面から特定 図面に代えて、写真、見本等を提出することもできる

　特許法では採用されている出願公開制度が、意匠法にはありません。原則として、意匠は登録された後に、その内容が公開されます（意20条3項）。

2　審査の流れ

　意匠登録出願がなされると、登録要件を満たしているか否かについて、審査官による実体審査が行われます（意16条）。特許制度とは異なり、審査を受けるにあたり出願審査請求は必要とされません。

　登録要件を満たしていないと判断された場合、出願人に拒絶理由が通知されます。拒絶理由に対して、出願人は次の対応を取ることができます。

---

①意見書の提出
②手続補正書の提出
③出願の分割
④出願の変更（特許出願、実用新案登録出願への変更）
⑤出願の放棄・取り下げ

　ここで、手続補正書により補正を行うときに、出願当初の願書の記載や図面などの要旨を変更してはいけないという内容的な制限が設けられています（意17条の2）。この要旨とは、願書の記載および添付した図面などから導き出される具体的な意匠の内容です。

　したがって、図面の修正や、願書の「意匠に係る物品等」の変更は、要旨変更と判断される可能性が高く、補正が認められないといえます。

　補正等を行っても拒絶理由が解消しなければ、拒絶査定となります（意17条）。ただし、拒絶査定に不服がある場合は、拒絶査定不服審判を請求できます（意46条）。

3　特殊な意匠登録出願

　意匠法には、特有の出願形態があります。

（1）部分意匠

　意匠法では、例えば独立して取引の対象とはならないような、物品の部分についても保護します。全体ではなく特徴のある部分だけでも、意匠登録を受けることが可能です（意2条1項かっこ書）。

（2）動的意匠

　意匠に係る物品等の形状等が、その物品等の持つ機能に基づいて変化する場合に、変化する前後の形状等について、意匠登録を受けることができます（意6条4項）。このような動的意匠の例に、変形するロボット玩具や折りたたみできる乳母車、びっくり箱などがあります。

（3）組物の意匠

「一組の飲食用具セット」のように、同時に使用される複数の物品が組み合わさった組物に関しては、組物全体で統一があれば、多物品であっても一意匠として登録を受けることができます（意8条）。なお、組物として出願できる物品等は、経済産業省令で定められています。

（4）関連意匠

　1つのコンセプトから多くのバリエーションの意匠が継続的に創作されることがあります。このように創作された複数の意匠について、同一出願人から出願された場合に限り、同等の価値を有するものとして保護するのが、関連意匠制度です。この制度を利用するには、1つの意匠を「本意匠」と決めたら、それに類似する意匠は、本意匠の意匠登録出願の日から10年以内に出願する必要があります。

（5）内装の意匠

　店舗、事務所その他の施設（宿泊施設など）の内部の設備および装飾（内装）を構成する物品、建築物または画像の意匠は、一意匠として出願をし、意匠登録を受けることができます。ただし、内装全体として統一的な美感を起こさせるものでなければなりません。

　例えば、家具や什器、壁や床等に共通の材質や模様等を用いている場合に、内装における「統一的な美感」が認められると考えられます。

（6）秘密意匠

　出願人の意思により、意匠権の設定登録日から3年を限度として、登録意匠の内容を秘密にしておくことができます（意14条、20条4項）。

　また、秘密意匠の請求をする場合は、意匠登録出願と同時か、第1年分の登録料の納付と同時に行わなければなりません（意14条2項）。

まとめ

意匠登録出願時に必要な書類は、①願書、②図面。特許法と異なり、出願公開制度も出願審査請求制度もない。特殊な意匠として、①部分意匠、②動的意匠、③組物の意匠、④関連意匠、⑤内装の意匠、⑥秘密意匠などがある。

Question の 正解と解説

正解 なし

解説 △について、同時に使用される二以上の物品等であって、経済産業省令で定められているものを「組物」といいます。この組物を構成する物品等に係る意匠が、組物全体として統一があるときは、一意匠として出願し、意匠登録を受けることができます（意8条）。

「一組の飲食用具セット」は経済産業省令で定められた組物に該当し、全体として統一性があれば、「組物の意匠」として意匠登録を受けられる可能性があります。よって、本肢は誤りです。

Bについて、意匠登録出願前にその意匠に係る製品を販売すると、その意匠は新規性を喪失するため意匠登録を受けることができません（意3条1項、17条）。しかし、その事由によっては、新規性喪失の例外規定の適用を受けられるため、新規性を喪失しなかったものとみなされます（意4条）。したがって、販売により商品が公然と知られていても、その実施品の意匠は公然知られていなかったものとして審査で取り扱われることがあります。よって、本肢は誤りです。

Cについて、意匠法では、特許法と異なり、出願審査請求制度（特48条の2）が採用されていません。よって、本肢は誤りです。

← Question は、68 ページ

10 意匠権の管理と活用

　ベンチャー企業のK社では、若者にターゲットを絞ったハイセンスなデザイン家電で評判を集めています。この好調の波に乗り、冬のボーナス商戦に向けて、ニューモデルの製造・販売促進スケジュールを立てることになりました。その一環として、発売後の模倣品対策のため、新しい製品について意匠登録出願をする予定です。

　そこで、製品が発売されるまでは、意匠を公開しないように特許庁に申請しようと考えています。

Question

　この場合、次の **A** ～ **C** のうち、対応または考えとして正しいものを選び、その理由を答えなさい。ただし、正しいものは一つとは限りません。また、正しいものがない場合もあります。

A　意匠登録出願と同時に、意匠の内容を秘密にすることも特許庁に請求した。

B　意匠の登録査定を受けたので、設定登録料を納付した。後日、意匠公報に登録意匠が掲載される前に、意匠の内容を秘密にすることを特許庁に請求した。

C　この新製品について、秘密の意匠として登録された後に、発売日が繰り上がることになった。よって、秘密にする期間を短縮するように特許庁に請求した。

Hint　「秘密意匠」の適用を受けるために必要な手続きとは何か？

　　　　　━━▶ **正解と解説は、79 ページ**

10. 意匠権の管理と活用

Point 意匠権の発生する時点と期間、ライセンスの方法を整理する

Key word 設定登録、意匠公報、専用実施権、通常実施権、職務創作、先使用権、譲渡

1 意匠権の発生と存続期間

　意匠登録出願について登録査定を受けた後、所定期間のうちに第1年分の登録料を納付し設定登録がされると、意匠権が発生します（意20条1項、2項）。登録料の納付時に、秘密意匠の請求をすることも可能です。設定登録後は、意匠権者の氏名や、願書に添付した図面等が掲載された「意匠公報」が発行されます（意20条3項）。

　なお、2年目以降も意匠権を維持するためには、前年以前に登録料を納付しなければなりません（意43条2項）が、納付期限が経過した後でも6カ月以内であれば追納することができます（意44条1項）。なお、追納期間に納付しないことにより意匠権は消滅したものとみなされますが、一定の要件の下、追納することができます。ただし、故意により納付しなかった場合ではないことが必要です（意44条の2第1項）。

　意匠権の存続期間は、意匠登録出願の日から25年で終了します。特許法のような延長制度や、商標法のような更新制度はなく、延長できません。

意匠権の発生と存続期間

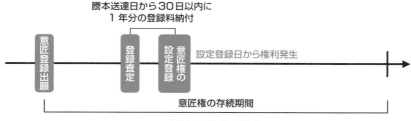

謄本送達日から30日以内に
1年分の登録料納付

意匠登録出願　登録査定　設定登録　意匠権の設定登録　設定登録日から権利発生

意匠権の存続期間

出願の日から25年

2 意匠権の活用

　意匠権者は、自ら登録意匠またはこれに類似する意匠を独占排他的に実施するだけでなく、第三者に実施許諾をしたり、意匠権を譲渡することができます。

(1) 意匠権者の意思に基づくライセンス

　ライセンス方法には、専用実施権の設定や通常実施権の許諾があります（意27条、28条）。

①専用実施権

　専用実施権者は、設定された範囲において、登録意匠またはこれに類似する意匠を独占排他的に実施する権利を有します（意27条）。専用実施権を設定した場合には、たとえ意匠権者であっても、その範囲内では登録意匠や類似する意匠を実施することはできません（意23条ただし書）。ただし、専用実施権の設定は、特許庁に登録しなければ効力を生じません。

②通常実施権

　通常実施権は、許諾された範囲内で登録意匠またはこれに類似する意匠の実施を認めるものであり、意匠権者は、重複する範囲について複数人に

通常実施権を許諾することができます（意28条）。したがって、他人に通常実施権を許諾していても、意匠権者はその意匠を実施することが可能です。通常実施権は当事者間の契約のみで発生し、特許庁への登録は必要ありません。

　意匠権が共有に係る場合、他人に通常実施権や専用実施権を許諾・設定するには、他の共有者の同意が必要になります。

（2）意匠権者の意思に基づかない通常実施権

　ライセンスは原則、権利者の意思に基づいて行われますが、例外的に本人の希望とは関係なく、他人に通常実施権が付与されることもあります。
　例えば、会社に勤務する従業者が職務創作をした場合、会社側には通常実施権が認められます（意15条3項）。また、意匠登録出願前からその出願に係る意匠を知らずに自ら創作して日本国内で実施（またはその準備）をしていれば、先使用権が認められ、意匠権者に実施料を支払わずに、意匠を実施できるケースもあります（意29条）。

（3）意匠権の譲渡

　意匠権は財産権であるため、他人に譲渡することができます。意匠権が共有に係る場合は、他の共有者の同意を得なければ自己の持分でも譲渡できません。

まとめ

意匠権は設定登録をもって発生し、存続期間は、意匠登録出願の日から25年で終了する。ライセンスの方法には、専用実施権と通常実施権があり、意匠権者の意思に基づかない通常実施権として、職務創作の場合や先使用権がある。

Question の 正解と解説

正解

解説 　意匠権の設定登録日から3年を限度として、その意匠を秘密にしておくことができる「秘密意匠制度」があります（意14条）。「秘密意匠」の請求をしようとする者は、所定の事項を記載した書面を、意匠登録出願と同時、または第1年分の登録料の納付と同時に、特許庁長官に提出しなければなりません。

A について、上述のとおり、意匠登録出願と同時であれば、秘密意匠の請求をすることができます。よって、本肢は適切です。

B について、意匠の設定登録料の納付後には、秘密意匠の請求をすることはできません。よって、本肢は誤りです。

C について、秘密にする期間は、設定登録の日から3年を限度に、延長または短縮することができます（意14条3項）。よって、本肢は適切です。

← Question は、75 ページ

11 意匠権の侵害と救済

　文房具メーカーL社では、かたつむりの形をしたテープカッターを販売しています。このテープカッターは、子どもからお年寄りまでよく知られた大ヒット商品。L社は、テープカッターの意匠権を持っています。

　ある日、L社の知的財産部に、営業部のXさんから、テープカッターにそっくりのかたつむり形チョコレートが、菓子会社Mから売られているのを見つけた、との報告がありました。

　また、手芸用品を製造するN社より、酷似したかたつむり形メジャーが発売されているとも、ほかの社員から聞かされました。実物のチョコレートとメジャーを入手して確認してみたところ、確かに同じ形態です。

※なお、「テープカッター」と「チョコレート」は非類似物品、「テープカッター」と「メジャー」は類似物品とします。

Question

　この場合、次の **A** 〜 **C** のうち、対応または考えとして正しいものを選び、その理由を答えなさい。ただし、正しいものは一つとは限りません。また、正しいものがない場合もあります。

A　テープカッターとチョコレートとメジャーは同一の形状等なので、L社の意匠権の効力範囲となり、M社のチョコレートとN社のメジャーは、L社のテープカッターの意匠権を侵害している。

B　テープカッターとチョコレートは同一の形状等だが、物品は非類似となるため、M社のチョコレートはL社のテープカッターの意匠権を侵害している可能性は低い。
テープカッターとメジャーは類似物品なので、N社のメジャーはL社のテープカッターの意匠権を侵害している可能性が高い。

C　テープカッターとチョコレートとメジャーは、物品としては違う物なので、M社のチョコレートとN社のメジャーは、L社のテープカッターの意匠権を侵害している可能性は低い。

Hint　意匠権の効力範囲を、
「同一」「類似」「非類似」で整理しておこう。

━━━▶ 正解と解説は、85 ページ

11. 意匠権の侵害と救済

Key 🎈 同一、類似、非類似、確認、需要者、警告、差止め、損害賠償、
word 不当利得返還、信用回復措置、意匠原簿、意匠登録無効審判

1 意匠権の効力

　意匠権者は、第三者が許可なく、登録意匠を具現化した製品を製造、使用、譲渡、輸出、輸入等することを禁止する権利を有します（意23条）。

　意匠権の効力は、登録意匠と物品等が同一・類似であり、かつ形状等（デザイン）が同一・類似である範囲に及びます。すなわち、ある意匠の物品等と形状等が登録意匠と同一であれば、その意匠は同一であると判断されます。また、物品等および形状等のいずれかが登録意匠と類似、もしくは両方が類似のときは、その意匠は登録意匠と類似していると考えられます。他方、物品等および形状等のいずれかが登録意匠と非類似であるときは、その意匠は登録意匠と非類似となります。

形状等＼物品等	同　一	類　似	非類似
同　一	同一	類似	非類似
類　似	類似	類似	非類似
非類似	非類似	非類似	非類似

効力範囲

　ただし、試験または研究のために登録意匠を実施する場合など、意匠権者の許諾を得ていなくても実施できる例外が認められています。

　なお、意匠権者や実施権者から購入した製品については、意匠権が消尽しているため、意匠権者の許諾を得なくてもその製品を使用したり、転売することができます。

2　意匠権侵害を発見した場合の対応（意匠権者側）

　意匠権侵害を主張するためには、侵害製品が、登録意匠もしくはこれに類似する範囲（登録意匠等の範囲）に属していることが必要です（意23条）。侵害者に対して警告書を送る前に、侵害製品が自己の登録意匠等の範囲に属していることを確認します。登録意匠とそれ以外の意匠が類似かどうかの判断基準は、需要者です（意24条2項）。願書の記載や図面、見本等に基づいて美感の共通性があるか、需要者の立場で判定します。

　意匠権侵害をしていると思われる意匠が、自己の登録意匠等の範囲に属していることを確認し、侵害者に警告することが考えられます。それでも実施をやめない場合は、特許権侵害の場合と同様に、差止請求（意37条1項）、損害賠償請求（民709条）、不当利得返還請求（民703条、704条）、信用回復措置請求（意41条）をすることが可能です。

　さらに、意匠権を侵害する者に対しては、10年以下の懲役もしくは1000万以下の罰金が刑事罰として科され、場合によっては、両方が適用されることもあります（意69条）。

3　意匠権侵害であると警告された場合の対応（実施者側）

　意匠権侵害であると警告を受けた場合、まずは実際に意匠権が存在しているか、警告者が意匠権者であるかなどを「意匠原簿」で確認する必要があります。そして、実施品が意匠権侵害に当たるかについて確認しなければなりません。

実施品が意匠権の侵害に当たると判断した場合は、その出願日より前に出願された同一または類似の意匠がないか、同じ製品が以前に販売されていないかなど、無効理由の有無を調べます。無効理由が存在するならば、意匠登録無効審判（意48条）を請求して、その意匠登録を無効にできることもあるからです。

まとめ

侵害を発見した場合は、「確認」→「警告」→「差止」・「損害賠償」という流れで対応する。
侵害であると警告された場合は、「意匠原簿を確認」→「意匠登録に無効理由がないかを確認」→「意匠登録無効審判の請求」又は「実施の中止」などという流れで対応する。

Question の 正解と解説

正解 **B**

解説 　意匠権者は、業として登録意匠およびこれに類似する意匠を実施する権利を専有します（意23条）。ここで、意匠が「同一」、「類似」、「非類似」かは、その意匠に係る「物品等」と「形状等」から判断します。物品等および形状等が同一の場合は、意匠として「同一」となります。また、①物品等が同一で形状等が類似の場合、②物品等が類似で形状等が同一の場合、③物品等および形状等が類似の場合は、意匠として「類似」となります。意匠権の効力範囲は、同一および類似であり、「非類似」は含まれません。

　ここで、テープカッターとチョコレートについて、形状等は「同一」ですが、物品が「非類似」であるため、M社の販売行為は、L社の意匠権を侵害する可能性が低いと考えられます。

　テープカッターとメジャーについて、形状等は「同一」で物品が「類似」のため、N社の販売行為は登録意匠に類似する意匠の実施に該当し、L社の意匠権を侵害する可能性が高いといえます。

A について、上述のとおり、本肢は誤りです。
B について、上述のとおり、本肢は適切です。
C について、上述のとおり、本肢は誤りです。

← Question は、81 ページ

デザインを保護する法律 Column 2

　意匠法は主に製品のデザインを保護する法律ですが、意匠登録だけがデザインを守る方法ではありません。一定の条件を満たしていれば、著作権法や不正競争防止法による保護を受けられる場合もあります。

　実用的な用途がある量産品のデザインでも、著作物としての要件を満たすものは、著作権法により保護されることがあります（これらを応用美術とも呼びます）。日本国では、対象によりますが、意匠制度と著作権制度による保護を重複して受けられる可能性があります。

　また、不正競争防止法による保護の可能性もあります。ただし、その製品デザインが周知や著名となっていたり、真似されたデザインがデッドコピーといわれるほど似ている必要があるため、これらの要件がいらない意匠法に比べ、保護を受けようとする際のハードルが高いと考えられます。

　以上の点から、意匠法は、中小企業やデザイナー個人が製品デザインの保護を求める際にも、利用しやすい制度だといえます。

商標法

12 商標法の保護対象と登録要件

　O社は、20代男性の間で流行のメンズ・ブランドを手がけるアパレル会社です。数年前に起業して以来、急成長しています。今度は、新しいレディス・ブランドを立ち上げて、都心のファッションビルに出店しようと計画しています。

　本日の会議の議題は、新しいレディス・ブランドに関する名称やブランドコンセプト、そして商標登録出願についてです。まだほとんど白紙の状態なので、いろいろな意見が飛び交っています。

Question

　この場合、次の **Ⓐ** ～ **Ⓒ** のうち、対応または考えとして正しいものを選び、その理由を答えなさい。ただし、正しいものは一つとは限りません。また、正しいものがない場合もあります。

A 　新ブランドでは特徴的なシルエットの絹のドレスをベースに、色や柄違いなどのラインアップを豊富に提案していきたいので、このドレスについて商標「シルク・ドレス」の商標登録出願をする。

B 　外国で有名な商標「☆♥☆」は特に女性に人気が高いブランドなので、これと同一の商標「☆♥☆」をアパレルブランドの名称として、商標登録出願をする。

C 　ブランドカラーを独特な濃いピンクにし、パッケージや店舗カラーなどをそのピンクに統一しても、ピンクの色そのものについては商標法では保護されないと考えた。

Hint 　商標登録を受けるための要件を、商標法2条、3条、4条で確認しよう。

⟶ **正解と解説は、102 ページ**

12. 商標法の保護対象と登録要件

1 商標とは

商標の起源は古く、3000年ほど前には、イタリアの職人が自らの工芸品に自分の署名を彫っていたといわれています。また、ローマでは、異なる100以上の窯元で、自らの窯元を示すマークが使われていたそうです。交易が活発になるにつれて、他人の商品から自分の商品を区別する必要性が増し、商標の使用もさかんになってきました。

今日では、商標（しばしば TM と省略されます）は一般的に用いられており、たいていの人は同じ種類の電気製品でも、異なる商標により、例えば「ソニー®」と「パナソニック®」※の商標の違いを見て、両社の製品を区別しているといえます。企業間における競争が国際的に激しくなっている現在、市場で多くの商品から自社製品を認識させるために、商標の重要性は一層高まっているでしょう。

以上から、商標とは「製造者や販売者が、消費者を自身の製品にひきつけるためのコミュニケーションツール」ととらえることができます。

※ ® とは「Registered」の略であり、登録済という意味です。日本国では登録商標であることを示すときに慣習的に用いられています。一方、TM とは、「Trade Mark」の略であり、登録されているか否かに関わらず、商標として使用されているものに付されています。

2　保護対象

> **条文**
>
> 商標法2条　この法律で「商標」とは、人の知覚によつて認識することができるもののうち、文字、図形、記号、立体的形状若しくは色彩又はこれらの結合、音その他政令で定めるもの（以下「標章」という。）であつて、次に掲げるものをいう。
>
> 一　　業として商品を生産し、証明し、又は譲渡する者がその商品について使用をするもの
>
> 二　　業として役務を提供し、又は証明する者がその役務について使用をするもの（前号に掲げるものを除く。）

　商標とは、自分の商品やサービスを特徴づけ、他人が提供している他の商品やサービスから区別するために用いられる記号やマークといえます。商標法では、商標は「人の知覚によって認識することができるもののうち、文字、図形、記号、立体的形状若しくは色彩又はこれらの結合、音その他政令で定めるもの」であって、商売として商品を生産等する者がその商品に用いるもの、と規定しています（商2条1項）。

　一般に商標というときには、「商品に用いるもの」と「サービス（役務）に用いるいわゆるサービスマーク」との、両方の意味を含みます。商品とは商取引の目的となる物であり、役務は他人のために行う労務等であって、独立して商取引の目的となりえるものです。例えば、飲食物の提供や求人情報の提供などを指します。

　言語からなる商標は、文字、数字、単語、名前などから構成されます。例を挙げると、自動車の商標として有名な「トヨタ®」や「ホンダ®」は、会社の創始者から名前を取っています。

　図形というときには、2次元のものを指します。例えば、動物の図案を抽象化したイラストから作られているものです。また、パッケージや商品

それ自体のような立体のものもあり、このような商標も保護されます。

さらに、ホログラム商標、音商標、色彩のみからなる商標、動き商標および位置商標についても保護対象となります。

ホログラム商標とは、文字や図形等がホログラフィーその他の方法により変化する商標のことをいいます。見る角度によって変化して見える文字や図形等です。

音商標とは、音楽、音声、自然音等からなる商標であり、聴覚で認識される商標のことをいいます。たとえば、CM などに使われるサウンドロゴやパソコンの起動音などがこれに当たります。

色彩のみからなる商標とは、単色または複数の色彩の組み合わせからなる商標（これまでの図形等と色彩が結合したものではない商標）のことで、たとえば、商品の包装紙や広告用の看板に使用される色彩などがこれに当たります。

動き商標とは、文字や図形等が時間の経過に伴って変化する商標のことをいい、たとえば、テレビやコンピューター画面等に映し出される変化する文字や図形などがこれに当たります。

位置商標とは、図形等の商標であって、商品等に付す位置が特定される商標のことをいいます。

なお、においについては保護対象外です。

それでは、実際にどのような商標が登録されているのか、参考に見てみましょう。

文字商標の例

【標準文字商標】 知的財産管理技能検定

登録番号：第5201231号
商品及び役務の区分並びに指定商品又は指定役務：
第９類　知的財産に関する能力検定試験に関する電子計算機用プログラム、知的財産に関する能力検定試験に関する事項を内容とする電子出版物
第16類　知的財産に関する能力検定試験用の教材（器具に当たるものを除く。）、新聞、雑誌
第41類　知的財産権に関する知識の教授、知的財産権に関するセミナーの企画・運営又は開催、知的財産に関する能力検定試験に関する事項を内容とする電子出版物の提供、知的財産権に関する能力検定試験に関する教育及び研修用テキスト・電子出版物の制作に関する情報の提供、知的財産権に関する能力検定試験に関する教育及び研修用電子出版物の提供に関する情報の提供、知的財産に関する能力検定試験の企画・運営・実施

権利者：一般財団法人知的財産研究教育財団

図形商標の例

登録番号：第4433607号

商品及び役務の区分並びに指定商品又は指定役務：
第32類　ビール、ビール風味の麦芽発泡酒、清涼飲料、果実飲料、飲料用野菜ジュース、乳清飲料、ビール製造用ホップエキス
第33類　日本酒、洋酒、果実酒、中国酒、薬味酒

権利者：キリンホールディングス株式会社

立体商標の例

登録番号：第 4153602 号

商品及び役務の区分並びに指定商品又は
指定役務：
第 42 類　飲食物の提供

権利者：ケンタッキー　フライド　チキン
インターナショナル　ホールディングス
リミテッド　ライアビリティ　カンパニー

ホログラム商標の例

1

2

登録番号：第 5804315 号

商品及び役務の区分並びに指定商品又は指定役務：
第 36 類　ギフトカードの発行及びこれに関する情報の提供

権利者：三井住友カード株式会社

音商標の例

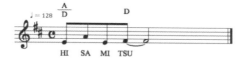

登録番号：第 5804299 号

商品及び役務の区分並びに指定商品又は指定役務：
第 5 類　薬剤（農薬にあたるものを除く。）

権利者：久光製薬株式会社

動き商標の例

登録番号：第 5804568 号

商品及び役務の区分並びに指定商品又は指定役務：
第 33 類　日本酒、洋酒、果実酒、酎ハイ、中国酒、薬味酒

権利者：菊正宗酒造株式会社

位置商標の例

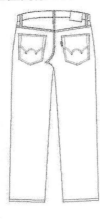

登録番号：第 5807881 号

商品及び役務の区分並びに指定商品又は指定役務：
第 25 類　ズボン，長ズボン，半ズボン，ジョギングパンツ，スウェットパンツ，スキーズボン，寝巻き類，パジャマ，寝巻き，下着，ズボン下，パンツ，運動用特殊衣服，但し、ナイトガウン，ネグリジェ，寝巻き，バスローブ，その他ズボンの後ろポケットを有しない寝巻き類，アンダーシャツ，コルセット，シュミーズ，スリップ，ブラジャー，ペチコート，その他ズボンの後ろポケットを有しない下着，アノラック，空手衣，グランドコート，剣道衣，柔道衣，ヘッドバンド，ヤッケ，リストバンド，その他ズボンの後ろポケットを有しない運動用特殊衣服を除く

権利者：株式会社エドウイン

色彩のみからなる商標の例

登録番号：第 5930334 号

商品及び役務の区分並びに指定商品又は指定役務：
第 16 類　消しゴム

権利者：株式会社トンボ鉛筆

【商標の詳細な説明】
商標登録を受けようとする商標（以下「商標」という。）は、色彩の組合せからなる色彩のみからなる商標である。色彩の組合せとしては、青色（Pantone 293C）、白色（プロセスカラーの組合せ：C＝0，M＝0，Y＝0，K＝0）、黒色（プロセスカラーの組合せ：C＝0，M＝0，Y＝0，K＝100）であり、配色は、上から順に、青色、白色、黒色が商標の縦幅を3等分している。

3　商標登録の要件

　商標とは、簡単にいうと、「商品やサービスを特徴づけ、他者が提供している商品やサービスから自分の商品やサービスを区別するために用いられる記号やマーク」です。ここから、商標登録を受けるためには識別力が必要であることがわかります。また、識別力があっても、公序良俗に反するなど社会一般の利益などから、商標登録を認めるには不適切な場合もあります。

　また、商標制度は、形式的に商品名・サービス名を保護することにより、実質的には商品や役務の提供でその商標（商品名・サービス名）に蓄積された「業務上の信用」を保護しています。そのため、自らの業務に関わる商品やサービスに商標が使われていることも条件となります。

（1）自己の業務に係る商品等に使用すること

　業務上の信用は、商標が商品や役務に使用されてはじめて、その商標に蓄積されます。そのため「自己の業務に係る商品または役務について使用」しないことが明らかなときは、原則として商標登録を受けることができません（商3条1項柱書）。一例として、銀行業を営む者が飲食物の提供等を指定して出願した場合が、これに当たります（銀行法では銀行業務の範囲が定められています）。

　ただし、実際に商標を使用していなくても、近い将来に使用する意思がある場合は、商標登録を認められる可能性があります。

（2）識別力を有すること

　識別力とは、自己の商品や役務が、多くの他人の商品や役務から区別できることといえます。商標法では、普通名称や慣用商標、商品の品質などを記述的に表したにすぎない商標などは、識別力がなく、商標登録を受けられないと規定されています（商3条1項各号）。

「アップル」という名前の例で考えてみましょう。アップルは、"コン

ピュータ"に用いられれば非常に識別力が高いといえますが、"りんご"という商品に使用されても識別力があるとはいえません。言い換えれば、りんごの製造者や販売者は、りんごという商品についてアップルという名称で商標権を得るのは難しい、ということです。なぜなら、りんごという商品にアップルという言葉を使っても、誰の商品であるかがわからないからです。識別力の問題を考えるときには、商標とそれが使用される商品やサービスとの関係を考慮して判断する必要があります。

　なお、商品の品質などを記述的に表しただけで識別力がないとされる商標でも、その商標が使用され続けた結果、全国的に著名になり識別力を有するようになれば、商標登録を受けられることもあります（商3条2項）。

識別力を有しない商標

分類	商品例	役務例
普通名称（商3条1項1号）	商品「めがね」に商標「メガネ」	役務「航空機による輸送」に商標「空輸」
慣用商標（商3条1項2号）	商品「清酒」に商標「正宗」	役務「宿泊施設の提供」に商標「観光ホテル」
商品の産地・品質等を普通に表示する商標（商3条1項3号）	商品「書籍」に商標「商標法」や「小説集」	役務「放送番組の制作」に商標「ニュース」や「音楽番組」
ありふれた氏等を普通に表示する商標（商3条1項4号）	山田、佐藤	
極めて簡単で、ありふれた商標（商3条1項5号）	かな一文字、ローマ字二文字、○、△	
需要者が誰の業務に関わる商品等か認識できない商標（商3条1項6号）	地模様、元号	

（3）商標登録を受けることができない商標

　商標に識別力があっても、公益的な理由などから商標登録が認められな

い場合があります。商標登録を受けるには不適切な商標とはどのようなものなのか、見てみましょう（商4条1項各号）。

①他人の周知な商標と同一または類似する商標

「ソニー®」や「ルイ・ヴィトン®」などは、商標を通じて、世界的な知名度を確立することに成功しました。故に消費者は、難なくその商品・サービスの品質や特徴などを把握でき、他の商品などから識別できます。

　そこで、有名な商標の信用にただ乗りして利益を得ようと、類似する商標や混同する商標を登録し、使用して消費者の誤解を招こうとする事業者が現れるかもしれません。こういった問題に対処するために、「周知の商標」を保護する規定が設けられています（商4条1項10号、15号、19号）。

　例えば、他人の周知商標と同一・類似の商標を、その商品等と同一・類似の商品等について使用する場合は、登録を受けられません（商4条1項10号）。また、日本又は外国の周知な商標と同一・類似を、不正な目的で使用する商標も、同様に登録不可です（商4条1項19号）。

　しかし、周知の商標がいかなるものかについては、明確な定義はありません。商標登録がなされていない商標も、周知であれば保護されます。周知の商標であるか否かを判断する際には、営業規模、広告宣伝、商標が使用される期間や地域などの要素が、考慮されています。

②先願の他人の登録商標と同一または類似の商標

　先に出願された他人の登録商標と同一または類似の商標の登録を認めると、需要者にとって混乱が生じるため、このような商標は登録を受けることができません（商4条1項11号）。この規定は"他人の登録商標"が対象となっているため、先に出願された"自己の登録商標"と抵触する場合には適用されない点に注意しましょう。

　なお、令和5年法改正により、いわゆるコンセント制度が導入され、この規定に該当する商標であっても、先行登録商標権者の承諾を得ており、かつ、先行登録商標が使用されている商品・役務との間で混同を生じるおそれがな

いものについては、登録が認められることになりました（商4条4項）。

　商標法4条1項11号に該当するという拒絶理由通知を受けた場合であっても、無効審判や不使用取消審判によって、他人の登録商標を排除できれば、拒絶理由を解消することができます。

③商品の品質等の誤認を生じるおそれのある商標

　その商品にはない品質をうたってしまうと、それは品質の誤認を生じる表示ということになります。需要者が混乱してしまうような商標は、登録商標には不適切といえ、登録が認められません（商4条1項16号）。ここでいう誤認を生じるおそれがある商標とは、一定の品質を有しないにもかかわらず、それを表しているものです。例えば、商品「野菜」について、商標「JPO ポテト」とした場合、商標が表す商品の品質は、「普通名称としてのじゃがいも」であることから、指定商品「野菜」とは関連する商品である一方、指定商品「じゃかいも以外の野菜」が有する品質とは異なるため、この規定に該当すると判断されます。

　そのほかに、公序良俗を害するおそれがある商標（商4条1項7号）や、一定の知名度を有する他人の氏名や著名な芸名を含む商標※（商4条1項8号）、商品や商品の包装の機能を確保するために不可欠な立体的形状のみからなる商標や、商品が当然に備える色彩（例、商品「自動車のタイヤ」の黒の色彩）や発する音（例、役務「焼肉の提供」における肉の焼ける音）のみからなる商標などの商品等が当然に備える特徴のうち政令で定めるもののみからなる商標（商4条1項18号）は、登録を受けることができない等の規定があります。

※ その他人の承諾を得ている場合は、この規定に該当しません。また、一定の知名度を有しない「他人の氏名」が含まれる出願については、政令において「商標に含まれる他人の氏名と商標登録出願人との間に相当の関連性があること」等の要件を課すことで、無関係な者による濫用的な出願を拒絶できるようにしています。

（4）先に出願されていないこと（先願主義）

　同一または類似の商標について二以上の商標登録出願があったときは、最先の出願人のみが商標登録を受けることができます（商8条）。これを先願主義といいます。ただし、前述（商4条1項11号）のコンセント制度の導入により、後の日に出願をした出願人が、先の日に出願をした出願人の承諾を得ており、かつ、これらの出願人の商標の間で出所混同を生ずるおそれがないときは、後の日に出願をした出願人も商標登録を受けられるようになりました。

　同日に同一または類似の商標で二以上の出願があった場合は、特許庁長官から協議命令が出され、協議において合意で定められた一の出願人のみが、商標登録を受けることができます。ただし、ここでもコンセント制度の導入により、全ての出願人が商標登録を受けることについて相互に承諾をし、かつ、全ての商標の間で出所混同を生ずるおそれがないときは、全ての出願人が商標登録を受けることができるようになりました。

　なお、協議が成立しなかったり、協議自体ができなかったときは、特許庁長官が行う「くじ」により、登録が受けられる一の出願人を選びます。ただし、ここでもコンセント制度の導入により、くじにより定めた順位における後順位の出願人が、先順位の出願人の承諾を得ており、かつ、これらの出願人の商標の間で出所混同を生ずるおそれがないときは、後順位の出願人も商標登録を受けることができるようになりました。特許法や意匠法には、くじによる出願人の選出は規定されていません。

まとめ

商標とは、文字、図形、記号、立体的形状もしくは色彩またはこれらの結合、音その他政令で定めるものであって、業務で商品を生産したり、役務を提供する者が、その商品又は役務に用いるものである。登録要件として、①業務に係る商品又は役務に使用する、②識別力、③登録を受けられない商標に該当しない、④先願主義などが挙げられる。

正解 なし

解説 Ⓐについて、出願された商標は、自他商品等識別力（商3条1項各号）等の登録要件を満たせば、商標登録を受けることができます。

　絹のドレスについて商標「シルク・ドレス」は、その商品の原材料をそのまま表す「シルク」と、ドレスの普通名称である「ドレス」を組み合わせたものであり、通常用いられる方法で表示しています。

　したがって、「シルク・ドレス」は、識別力のない商標に該当し、商標登録を受けることができないと考えられます（商3条1項1号、3号）。よって、本肢は誤りです。

Ⓑについて、外国において著名な商標であることが日本国の需要者によって認識されており、出願人がその商標を使用すると、その商品等の出所について混同を生ずるおそれがある場合は、その商標について商標登録を受けることはできません（商4条1項10号、15号、19号）。よって、本肢は誤りです。

Ⓒについて、「商標」であるための要件の一つとして、「標章」であることが必要とされています。この「標章」とは、「人の知覚によって認識することができるもののうち、文字、図形、記号、立体的形状若しくは色彩又はこれらの結合、音その他政令で定めるもの」であると定義されています（商2条1項柱書）。

　色彩は、標章の定義に含まれていることから、独立して標章の構成要素となりえます。

したがって、色彩のみからなる商標は、識別力を有するなどの要件を満たせば商標法による保護を受けることができる可能性があります。

←—— **Question は、89 ページ**

　商標法には、「団体商標登録制度」と「地域団体商標登録制度」という制度があります。

　「団体商標登録制度」とは、事業者を構成員に有する団体が、その構成員に使用させるための商標について登録を受けることができる制度です。通常の商標登録制度のように登録を受ける者、すなわち団体自身がその商標を使用することは必ずしも必要としませんが、その団体の構成員が使用する商標であることが必要です。

　「地域団体商標登録制度」とは、地域と商品名とを組み合せた商標がより早い段階で登録を受けられるようにすることにより、地域ブランドの育成に資することを目的とした制度です。団体商標と同様に、団体自身がその商標を使用することは必ずしも必要としませんが、その団体の構成員が使用する商標であることが必要です。有効登録件数は、2024年3月末現在で763件です。

地域団体商標の登録例

商標（よみがな）	権利者	地域
江戸切子（えどきりこ）	江戸切子協同組合	東京
道後温泉（どうごおんせん）	道後温泉旅館協同組合	愛媛

「地域団体商標登録制度」と似た制度として、「地理的表示保護制度」があります。この制度は、「特定農林水産物等の名称の保護に関する法律」に基づく制度で、地域で育まれた伝統と特性を有する農林水産物・食品のうち、品質等の特性が産地と結び付いており、その結び付きを特定できるような名称（地理的名称）が付されているものについて、その地理的表示を知的財産として国に登録することができる制度です。

　登録を受けた団体が適切に品質管理を行っている場合に限り、生産者は登録された地理的表示を使用することができます。その際、その産品には、地理的表示に加えて、地理的表示であることを示す「ＧＩマーク」を付することになります。

　登録された品質等の基準に満たないものに地理的表示が使用されている場合等、不正使用が発見された場合、農林水産省が表示の除去を命ずるなど、取締りを行います。この制度は2015年6月1日から運用が開始され、2024年3月31日現在で152件が登録されています。

登録産品の例

名称	特定農林水産物等の区分	特定農林水産物等の生産地
夕張メロン	第2類 野菜類　メロン	北海道夕張市
市田柿	第5類 農産加工品　果実加工品（干柿）	長野県飯田市、長野県下伊那郡ならびに長野県上伊那郡のうち飯島町および中川村
下関ふく	第10類 魚類　ふぐ	山口県下関市および福岡県北九州市門司区

13 商標登録を受けるための手続き

　飲料メーカーP社では、飲料を生産し、スーパーマーケットなど全国の小売店に卸しています。今回、商品構成を刷新するにあたり、新しい商標を使うことになりました。文字と図形を組み合わせた新商標Zは、すでにできあがっています。

　この商標Zは、P社で新しく売り出す炭酸飲料をはじめ、さまざまな商品に利用する予定なので、商標Zを発表する前に商標登録を受けておきたいと考えています。現在、商標登録を出願する際の手続きについて、社内で調整している最中です。

Question

　この場合、次の Ⓐ 〜 Ⓒ のうち、対応または考えとして正しいものを選び、その理由を答えなさい。ただし、正しいものは一つとは限りません。また、正しいものがない場合もあります。

A　文字と図形の両方を組み合わせた商標Zを、一つの商標として商標登録出願する。

B　商標Zを使用する商品として、一つではなく複数を指定して商標登録出願する。

C　商標Zを出願した後に出願審査請求をしないと、出願が取り下げられたとみなされるので、出願と同時に、出願審査の請求をする。

Hint　商標法における出願の原則は、「一商標一出願」。

⟶ **正解と解説は、111 ページ**

13. 商標登録を受けるための手続き

> **Point** 商標登録出願に必要な書類、審査の流れ、拒絶理由通知への対応を整理する

> **Key word** 願書、一商標一出願、指定商品、指定役務、出願公開

1 商標登録出願

　商標は、商標を使用する者が選択するもので、創作するものではありません。そのため、自然人であっても法人であっても、所定の要件を満たせば商標登録出願ができます。

　商標法による保護を受けるためには、特許庁において商標登録が認められる必要があります。登録されてはじめて商標権が発生し、権利者は登録商標を指定商品などに独占して使用でき、かつ、他人の使用を禁止することができるのです（商25条、37条1号）。

　商標登録を受けようとする者は、願書に必要な書面を添付して、特許庁長官に提出します（商5条1項）。商標登録出願は、商標を使用する一または二以上の商品または役務を指定して、商標ごとにしなければなりません（商6条1項）。これを、「一商標一出願の原則」といいます。一つの出願に複数の商標が記載されていると、権利範囲が不明確になってしまうためです。ただし、一つの出願で、一つの商標に対して、複数の商品または役務を指定することはできます。また、商品または役務の指定は、政令で定める商品および役務の区分に従わなければなりません（商6条2項）。

×	一つの出願に複数の商標を記載
○	一つの出願に複数の指定商品・指定役務を記載

　なお、商標登録出願をすると、自動的に出願公開がなされます（商12条の２）。特許制度とは異なり、「出願から○年を経過したときに公開」という時期的な決まりはなく、準備が整い次第公開されます。また、出願公開の請求制度は設けられていません。

2　審査の流れ

　商標登録出願がなされると、登録要件を満たしているか否かについて、審査官による実体審査が行われます（商14条）。特許制度とは異なり、審査を受けるにあたり出願審査請求は必要とされません。
　登録要件を満たしていないと判断された場合、出願人に拒絶理由が通知されます。拒絶理由に対して、出願人は次の対応を取ることができます。

①意見書の提出
②手続補正書の提出
③出願の分割
④出願の放棄・取り下げ

　補正にあたっては、出願当初の願書にあった記載の要旨を変更してはいけないという内容的な制限が設けられています（商16条の２）。この要旨とは、願書によって特定される商標および指定商品・指定役務の内容をいいます。
　したがって、商標の図形や文字を変更したり、指定商品や指定役務を追加したり、指定商品等を類似または非類似の商品等へ変更することは、要旨変更の補正として認められないと考えられます。ただし、指定商品等の

減縮や、正しい区分への是正は可能です。

　なお、特許や意匠のように、商標登録出願を、特許出願や意匠登録出願に変更することはできません。

　補正等を行っても拒絶理由が解消されなければ、拒絶査定となります（商15条）。ただし、拒絶査定に不服がある場合は、拒絶査定不服審判を請求できます（商44条１項）。

<table>
<tr><td align="center">**まとめ**</td></tr>
</table>

商標登録出願は、一以上の商品・役務を指定して、商標ごとに行わなければならない。出願公開制度はあるが、出願審査請求は不要。商標の変更や指定商品等の変更は、要旨変更の補正に該当するため、認められない。

Question の 正解と解説

正解　A　B

解説 Ａについて、「商標」とは、人の知覚によって認識することができるもののうち、文字、図形、記号、立体的形状もしくは色彩またはこれらの結合、音その他政令で定めるもの（標章）であって、業として使用するものをいうので（商2条1項）、図形と文字の両方を含む商標は、商標法の保護対象です。また、商標法は「一商標一出願」の原則を採っており（商6条1項）、商標ごとに出願しなければなりませんが、当該要件も満たしているといえます。よって、本肢は適切です。

Ｂについて、商標登録出願は、商標の使用をする一または二以上の商品または役務を指定して、商標ごとにしなければなりません（商6条1項）。したがって、一つの商標に対して、複数の商品または役務を指定できます。よって、本肢は適切です。

Ｃについて、商標法では、出願審査請求（特48条の3）を必要とされていません。したがって、出願後に出願審査請求を行わなくても、その出願が取り下げたものとみなされることはありません。よって、本肢は誤りです。

← Question は、107 ページ

14 商標権の管理と活用

　Q社は、ゲームソフトの開発に力を入れている会社です。今春発表する新作ゲームソフトの2タイトルに「☆★☆」「○◆○」という名称を付け、それぞれ商標登録出願をし、権利を取得することができました。ところが、「○◆○」のゲームソフトについては、直前になって発売が中止という事態が発生してしまいました。

　Q社の法務部に所属するXさんは、今後の商標の管理について、営業と開発の社員に説明しています。

Question

　この場合、次の **A** ～ **C** のうち、対応または考えとして正しいものを選び、その理由を答えなさい。ただし、正しいものは一つとは限りません。また、正しいものがない場合もあります。

A　「☆★☆」の商標権は、特許と同様、出願日から20年間存続する。そのうえ、権利を更新することができる。

B　商標権の設定登録日から３年間、登録商標を使用していないと、商標登録を取り消される場合がある。よって、「○◆○」は３年以内に使用を開始しなければならない。

C　「☆★☆」と「○◆○」が一般名称として辞書に載るようになれば、世間で有名になったという良い証である。

Hint　商標登録が取り消される場合や、商標権が効力を失う場合を整理しておこう。

⟶ 正解と解説は、119 ページ

特許法・実用新案法

意匠法

商標法

条約

著作権法

その他の知的財産に関する法律

14. 商標権の管理と活用

---

1 商標権の発生と存続期間

　商標登録出願について登録査定を受けた後、所定期間のうちに10年分の登録料を納付し設定登録がされると、商標権が発生します（商18条1項、40条1項、41条1項）。登録料は、5年分ごとに分割して納付することも可能で、この場合は存続期間の満了前5年までに、残り5年分を納付する必要があります（商41条の2第1項）。設定登録後は、商標権者の氏名や、願書に記載した商標、指定商品・指定役務等が掲載された「商標公報（商標掲載公報）」が発行されます（商18条3項）。

　商標権の存続期間は、設定登録日から10年です。商標に蓄積された業務上の信用を保護することが目的のため、10年の存続期間を何回でも更新できます。更新するには、商標権者自らが、更新登録の申請という手続きを取らなければなりませんが、その際、登録商標を使用している事実を証明する必要はありません。

　更新登録の申請期間は、存続期間満了の6カ月前から満了の日まで（商20条2項）ですが、期間が経過した後でも経済産業省令で定める期間内であれば、割増登録料を納付して申請手続きをすることができます（商20条3項、43条1項）。

　なお、更新登録の申請をしないことにより商標権は消滅したものとみなされますが、一定の要件の下、この申請をすることができます。ただし、故意に申請しなかった場合ではないことが必要です（商21条1項）。

商標権の発生と存続期間

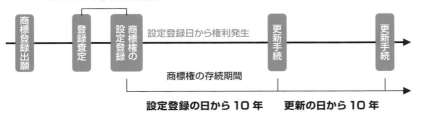

膳本送達日から30日以内に10年分
もしくは5年分の登録料納付

商標登録出願　登録査定　商標権の設定登録　設定登録日から権利発生　更新手続　更新手続

商標権の存続期間

設定登録の日から10年　　**更新の日から10年**

2 商標権の活用

　商標権者は、自ら登録商標を独占排他的に使用するだけでなく、第三者に使用許諾をしたり、商標権を譲渡することができます。

（1）商標権者の意思に基づくライセンス

　ライセンス方法には、専用使用権の設定や通常使用権の許諾があります（商30条、31条）。

①専用使用権

　専用使用権者は、設定された範囲において、指定商品または指定役務について登録商標を独占排他的に使用する権利を有します。専用使用権を設定した場合には、たとえ商標権者であっても、その範囲内では登録商標を使用することはできません。ただし、専用使用権は、特許庁に登録しなければ効力を生じません。

②通常使用権

通常使用権は、許諾された範囲内で指定商品または指定役務について登録商標の使用を認めるものであり、商標権者は、重複する範囲について複数人に通常使用権を許諾することができます（商31条）。もちろん、商標権者もその商標を使用することが可能です。通常使用権は当事者間の契約のみで発生し登録は不要ですが、登録しておくと、その後に商標権を譲り受けた者に対しても、その効力を主張することができます。

商標権が共有に係る場合、他人に通常使用権や専用使用権を許諾・設定するには、他の共有者の同意が必要になります。

（2）商標権者と契約せずに登録商標が使用できる権利

ライセンスを得るには、権利者と契約を結ぶ必要がありますが、法律上の要件を満たすことにより商標権者と契約しなくとも、登録商標を使用できる権利が発生する場合があります。

例えば、商標登録出願以前から日本国内で不正競争の目的でなく、登録商標または類似する商標を使用していた結果、商標登録出願時点で、自己の業務に係る商品または役務を表示するものとして、需要者の間に広く認識されているときは、実際に使用している商標について先使用権が認められ（商32条１項）、引き続き使用することができます。他人の商標登録出願時において、すでに自己の商標が周知である、という点が重要です。出願時点で需要者の間に広く認識されている商標には、保護すべき業務上の信用が蓄積されていると考えられるためです。したがって、出願以前から商標を使用していても周知でなければ、先使用権は認められません。

（3）商標権の譲渡

商標権は財産権であるため、他人に譲渡することができます。指定商品等が複数ある場合は、指定商品または指定役務ごとに移転することも可能です。商標権が共有に係る場合は、他の共有者の同意を得なければ自己の

持分でも譲渡できません。

3　商標権の管理

　商標権の設定登録後であっても、指定商品等に登録商標が使用されていないことを理由に商標登録が取り消されたり（商50条）、普通名称化して他人の使用を禁止できなくなることがあるため（商26条）、注意が必要です。

（1）不使用取消審判

　日本国内で継続して３年以上、商標権者、専用使用権者、通常使用権者のいずれもが、指定商品または指定役務について登録商標を使用していない場合は、その商標登録の取消しについて、誰でも審判を請求することができます（商50条１項）。登録商標に類似する商標や、指定商品に類似する商品に登録商標を使用している場合は、取消しの対象となります。ただし、登録商標と異なる商標を使用している場合でも、その違いが書体のみであったり、ひらがな、カタカナ、ローマ字の表示を変えていても同じ読み方で、かつ同じ意味であれば、この審判の対象とはなりません。

　また、過去に３年以上登録商標を使用していなくても、現在使用していれば対象外です。

（2）普通名称化

　商標が普通名称になることを防ぐように管理しなければなりません。普通名称になると商標権の効力が及ばなくなって他人の使用を禁止できなくなり（商26条１項）、また、未登録の商標であれば出願しても識別力を有しないとして登録を受けられなくなるからです（商３条１項１号等）。

　普通名称化を防止するための対策としては、① ® や ™ を付記したり、②「」や " " で囲ったり、③「「△▽」は□□社の登録商標です」という表示を付する、などがあります。

Question の 正解と解説

正解 **B**

解説 **Ⓐ** について、商標権の存続期間は設定登録の日から10年を
もって終了します（商19条1項）。よって、前半部分は誤りです。
また、商標権者の申請により、商標権の存続期間を更新するこ
とができます（商19条2項）。したがって、後半部分は適切ですが、全体
として本肢は誤りです。

Ⓑ について、継続して3年以上、日本国内において、商標権者、専用使
用権者または通常使用権者のいずれもが、指定商品等に登録商標を使用し
ていない場合は、不使用取消審判により商標登録が取り消されることがあ
ります（商50条）。したがって、登録日から3年以内に、登録商標の使用
を開始する必要があると考えられます。よって、本肢は適切です。

Ⓒ について、登録商標が商品の一般名称として辞書に掲載されることは、
その商標が商標としての識別力を失ったものと考えられ、商標権の効力が
及ばなくなります（商26条1項2号）。また、商品の一般名称として辞書
に掲載されたからといって、登録商標として有名になったわけではありま
せん。よって、本肢は誤りです。

← **Question は、113 ページ**

15 商標権の侵害と救済

　菓子メーカーのR社は、「♡♡♡」というネーミングで、自社で生産した新しいクッキーの販売を開始しました。

　しかし発売から数カ月後、同業のS社から
「ビスケットに使用しているS社の商標『♡♡♥』に係る商標権を、R社のクッキー『♡♡♡』は侵害している」
との警告書が送られてきました。

　R社は、「♡♡♡」について商標登録を受けていません。R社では、この警告への対応を検討しています。

※なお、「クッキー」と「ビスケット」は類似物品とします。

Question

この場合、次の **Ａ** ～ **Ｃ** のうち、対応または考えとして正しいものを選び、その理由を答えなさい。ただし、正しいものは一つとは限りません。また、正しいものがない場合もあります。

Ａ　調べてみると、Ｓ社の商標権の設定登録日より前に、Ｒ社は「♡♡♡」というネーミングのクッキーを販売していることがわかった。これで、商標権を侵害していないという反論ができる。

Ｂ　Ｒ社が使用している「♡♡♡」という名称は、Ｓ社の登録商標「♡♡♥」とかなり似ているが異なるものなので、Ｓ社の商標権を侵害していない。

Ｃ　「♡♡♡」というネーミングを使用したクッキーを、Ｒ社では外国に輸出しているだけで、国内では販売していない。よって、Ｓ社の商標権を侵害していない。

Hint　商標権を侵害する行為とは何か？
「先使用権」が認められる要件とは？

⟶ **正解と解説は、125 ページ**

15. 商標権の侵害と救済

Point 商標権の効力範囲と、商標権が侵害された場合と警告を受けた場合、それ
ぞれの立場で何をすべきかを理解する

Key word 専用権、禁止権、警告、差止め、損害賠償、不当利得返還、信用回復措置、
商標原簿、商標登録無効審判、不使用取消審判

1 商標権の効力

商標権者は、指定商品または指定役務について、登録商標を使用する権
利を専有します（商25条）。

「商標を使用する」とは、

①商品や商品の包装に商標を付する行為
②商品や商品の包装に商標を付したものを譲渡、輸出、輸入等する行為
③サービス提供（例：レストランの食事の提供）の際に、その提供を受
　ける者が利用する物（例：料理を盛る皿など）に商標を付する行為

などを指します。なお、「輸入」には、「外国にある者が外国から日本国
内に他人をして持ち込ませる行為」、例えば、外国の事業者が、通販サイ
トで受注した商品を購入者に届けるため、郵送等により日本国内に持ち込
む行為も含まます（商2条7項）。これは、意匠法においても同じように取
り扱われています（意2条2項1号かっこ書）。

商標権者が独占的に使用できる範囲は、指定商品または指定役務におけ
る登録商標の使用に限られます（この範囲を専用権と呼びます）。

　一方、登録商標または指定商品・指定役務のいずれかが類似、もしくは両方が類似する範囲については、他人の使用を禁止できます（この範囲を禁止権と呼びます）（商37条各号）。類似の範囲でも他人が使用すると、登録商標と間違われてしまうおそれがあるからです。つまり、類似の範囲内での無断使用は、商標権侵害とみなされます。なお、登録商標か指定商品等のどちらかでも非類似であれば、原則として商標権の効力は及びません。

　また、商標登録後、商標が普通名称化した場合には、商標としての機能を失うため、権利の効力は及ばなくなります（商26条）。

商標＼商品・役務	同　一	類　似	非類似
同　一	同一（専用権）	類似（禁止権）	非類似
類　似	類似（禁止権）	類似（禁止権）	非類似
非類似	非類似	非類似	非類似

2　商標権侵害を発見した場合の対応（商標権者側）

　商標権侵害を主張するためには、侵害者が、指定商品・指定役務または類似する商品・役務に登録商標と同一または類似する商標を使用していることが必要です（商25条、37条1号）。侵害者に対して警告書を送る場合は、使用の事実を確認することが必要です。

　専用権または禁止権の範囲で登録商標等を第三者に無断で使用され、侵害者に警告しても使用をやめない場合は、特許権侵害の場合と同様に、差止請求（商36条）、損害賠償請求（民709条）、不当利得返還請求（民703条、704条）、信用回復措置請求（商39条）をすることが可能です。

　さらに、商標権を侵害する者に対しては、10年以下の懲役もしくは1000万以下の罰金が刑事罰として科され、場合によっては、両方が適用されることもあります（商78条）。

　商標権侵害であると警告を受けた場合、まずは実際に商標権が存在しているか、警告者が商標権者であるかなどを「商標原簿」で確認する必要があります。そして、自社の商品等に使用している商標が相手の権利の範囲内に含まれているかを、確認しなければなりません（商標や商品・役務のいずれかが非類似であれば範囲外です）。

　自己の使用行為が商標権侵害に当たると判断した場合は、その出願日より前に出願された同一または類似の商標がないかなど、無効理由の有無を調べます。無効理由が存在するならば、商標登録無効審判（商46条）を請求して、その商標登録を無効にできる場合があります。ただし、一定の無効理由については、商標権の設定登録日から５年を経過していると、無効審判が請求できなくなるので、注意が必要です（商47条）。

　また、商標掲載公報が発行された日から２カ月以内であれば、登録された出願内容について再審査を求める登録異議の申立てができます（商43条の２）。商標掲載公報の発行日から２カ月が過ぎているときは、商標登録無効審判を請求することができますが、登録異議の申立ては誰でも請求することができるのに対し、商標登録無効審判は利害関係人でなければ請求することができません。

　もし、その登録商標が継続して３年以上使用されていなければ、不使用取消審判（商50条）により、商標登録を取り消せる場合もあります。

まとめ
侵害を発見した場合は、「確認」→「警告」→「差止」・「損害賠償」という流れで対応する。 侵害であると警告された場合は、「商標原簿を確認」→「商標登録に無効理由がないかを確認」→「商標登録無効審判の請求」、「不使用取消審判」又は「使用の中止」などという流れで対応する。

Question の 正解と解説

| 正解 | なし |

解説 Ⓐ について、Ｓ社の商標登録出願前から、Ｒ社が「♡♡♡」を不正競争の目的でなく使用しており、Ｓ社の商標登録出願の際に周知性を獲得していた場合は、いわゆる「先使用権」を有します（商32条1項）。本肢では、Ｓ社の商標権の設定登録日よりも前に、Ｒ社が「♡♡♡」を使用している事実は記載されていますが、商標登録出願以前から使用しているかは不明です。したがって、侵害をしていない旨の反論ができるとは言い切れません。よって、本肢は誤りです。

Ⓑ について、登録商標と同一もしくは類似する商標を、指定商品またはこれに類似する商品に使用する行為は、商標権の侵害となります（商25条、37条1号）。Ｒ社が使用する「♡♡♡」は、Ｓ社の登録商標「♡♡♥」ととても似ており、類似する商品に使われているため、商標権を侵害する可能性が高いといえます。よって、本肢は誤りです。

Ⓒ について、Ｓ社の登録商標「♡♡♥」と類似する「♡♡♡」を冠したクッキーを、Ｒ社が輸出する行為は、商標法2条3項2号にいう「商品等に標章を付したものを輸出する行為」に該当します。したがって、Ｒ社は、原則としてＳ社の商標権を侵害することになります。よって、本肢は誤りです。

⟵ Question は、121 ページ

特許法・実用新案法

意匠法

商標法

条約

著作権法

その他の知的財産に関する法律

商標と商号の関係　Column 4

　商標と商号の関係について少し解説しましょう。

　商号とは会社等の名称であり、各市町村の法務局に登記されます。一方、商標は商品やサービスの名称で、特許庁に登録されます。

　商標権は、指定した商品やサービスについて、その商標を独占的に使用することができる権利です。会社名（商号）を自社製品の商品名とするなど、商号を商標として使用する場合には、商標登録を受けておくべきといえます。

　また、商標を保護する方法は、特許庁での登録だけではありません。日本国では未登録の商標でも、不正競争防止法により保護を受けられる可能性があります。しかし、それは商標法に比べて弱い保護と言わざるを得ません。なぜなら、未登録の商標は一般に広く知られないと保護を受けられず、このような周知性や著名性を得るまでに商品の販売開始からかなりの時間を要すると考えられるためです。

　新しい商標を用いて製品の販売を開始する場合、その商標はいたって無防備な状態にあるといえます。前述のように、不正競争防止法による保護も考えられますが、やはり使用に先立って商標登録やその出願を済ませておくことがよいでしょう。

条約

16 パリ条約

　自動車メーカーのＴ社は、日本ですでに特許を出願している自社製品の発明について、外国でも特許出願しようと計画しています。出願国は、アメリカを筆頭に、数ヵ国の予定です。特許が取得できた暁には、その発明を用いた自動車の販売にアメリカから着手し、ヨーロッパへと販路を広げたいと目論んでいます。

　さしあたり、日本での出願に基づき、パリ条約の優先権を主張したアメリカでの出願を検討しています。

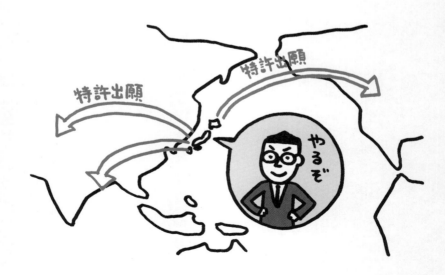

Question

　この場合、次の **A** ～ **C** のうち、対応または考えとして正しいものを選び、その理由を答えなさい。ただし、正しいものは一つとは限りません。また、正しいものがない場合もあります。

A 日本国内での出願に基づいてパリ条約の優先権を主張する場合、日本での出願から12カ月以内にアメリカに出願する必要がある。

B アメリカに出願した後、優先権を主張して別の国Xに出願した場合、アメリカで特許を受けられれば、自動的にX国でも特許が認められる。

C 日本国内での出願に基づく優先権を主張してアメリカに出願した場合、日本での出願が消滅すると、アメリカでの出願も自動的に消滅する。

Hint パリ条約の三大原則は、「内国民待遇」「優先権」「特許の独立」である。

⟶ **正解と解説は、133 ページ**

16. パリ条約

1　パリ条約とは

　パリ条約（1883年）は、産業財産権に関する最も古い条約で、世界知的所有権機関（WIPO）が管轄しています。地理的不平等を解消し、国際間の通商関係を円滑にして工業所有権の国際的保護を促進するために、締結されました。

2　パリ条約の三大原則

　パリ条約では、①内国民待遇、②優先権、③各国の特許の独立、以上３つの原則が定められています。

（1）内国民待遇

　パリ条約に加盟している同盟国の国民に対しては、自国の国民と同等の保護および救済措置を与えなければならないと規定されています（パリ２条（1））。つまり、内国民待遇の原則によれば、同盟国の国民は内国民に課される条件および手続きに従うことで内国民と同一の保護が受けられる、ということです。

　例えば、自国民である A 国民には存続期間を20年とする特許権を与えるけれど、自国民ではない B 国民に対しては特許権の存続期間を15年にする、ということはできません。

　なお、同盟国の国民でなくても、いずれかの同盟国の領域内に住所があるか、現実かつ真正の工業上または商業上の営業所を有していれば、同盟国の国民とみなされます（パリ 3 条）。

（2）優先権

　特許出願人は、ある同盟国にした出願から12カ月以内であれば、その出願に基づいて他の同盟国に出願した場合に、先の出願日に出願したものと同様の効果が、後の出願でも得られます。これを優先権といい、この12カ月間を優先期間と呼びます。言い換えると、ある同盟国に出願した後に、優先権を主張して12カ月の間に他の同盟国に出願すると、後に出願した国においても新規性などの判断基準日は先に出願した日となります。

　意匠および商標についても優先権は認められており（パリ 4 条 A（1））、優先期間は 6 カ月となります（パリ 4 条 C（1））。

パリ条約による特許出願の優先権

パリ条約による優先権 12 カ月

発明 A について
フランスで特許出願
甲

発明 A について
日本で公然実施
乙

発明 A について
日本で特許出願
甲

新規性等の判断は最初の出願日（フランスでの出願日）を基準に行われる
→ 乙の実施行為によって新規性等は否定されない

（3）各国の特許の独立

　特許権の相互依存を否定する規定です。すなわち、ある同盟国における特許権の無効、消滅、存続期間等は、他の同盟国の特許権に影響を与えません（パリ４条の２）。

　例えば、Ａ国では特許権を得られた発明であっても、Ｂ国では取得できない場合があります。反対に、Ａ国とＢ国で特許権のある発明について、Ａ国でその権利が消滅したとしても、Ｂ国でも消滅する、ということはありません。

まとめ

パリ条約の同盟国にて出願した場合、内国民と同等の保護および救済措置を得られる。また、ある同盟国で出願した日から12カ月以内に、他の同盟国でも優先権を主張して出願すれば、先の出願日に出願したものと同じように取り扱われる。

Question の 正解と解説

正解 **A**

解説 **A**について、パリ条約による優先期間は、特許出願について
は12カ月です（パリ4条C（1））。同盟国の一つに特許出願
をした後で、その出願日から12カ月以内に優先権を主張して
他の同盟国に特許出願をすることができます（パリ4条）。ちなみに、意
匠登録出願と商標登録出願の優先期間は、6カ月です（パリ4条C（1））。
よって、本肢は適切です。

Bについて、属地主義のもとでは、特許権は付与された国でのみ有効で
す。そして、その特許権は当該国の領域にのみ適用され、当該国の法令に
より特許権は成立し、その効力が発生します。したがって、各国の特許は
独立しているため、アメリカで特許権を取得したからといって、他国でも
自動的に特許権が得られることはありません。よって、本肢は誤りです。

Cについて、上述**B**の通り、特許は独立しているため、日本での出願に
ついて特許が消滅したとしても、それを理由にアメリカでの出願について
特許が自動的に消滅することはありません。よって、本肢は誤りです。

← Question は、129 ページ

17 特許協力条約（PCT）

　医薬品を製造するU社は、インフルエンザに対し飛躍的な効果を発揮する薬「●□●□」の開発に成功しました。この薬は世界中で需要が見込まれるため、まず、日本をはじめ各国にて薬の発明や製造方法に関する特許権を取得し、その後、グローバルにマーケットを展開していこう、というプランが描かれています。

　U社の知的財産部に勤務しているYさんは、このインフルエンザ薬について、特許協力条約（PCT）による国際出願を考えています。

世界へ！

Question

　この場合、次の **A** 〜 **C** のうち、対応または考えとして正しいものを選び、その理由を答えなさい。ただし、正しいものは一つとは限りません。また、正しいものがない場合もあります。

A　PCT による国際出願をするには、世界共通語である「英語」で書類を作成しなければならない。

B　PCT に基づいて国際出願した後は、決められた期間の内に特許を取得したい国の官公庁に対し、移行手続を取らなければならない。

C　PCT に基づいて国際出願すると、原則として18カ月後に国際公開が行われ、所定期間内に、国際調査機関に対して国際調査を行うことを請求する必要がある。

Hint　PCT の国際出願の流れは、「国際出願」→「国際調査」→「国際公開」→「国内移行手続」。

——→ 正解と解説は、141 ページ

135

17. 特許協力条約（PCT）

💡
Point　PCT 出願の流れや国際機関を整理し、PCT 出願をするメリットを
理解する

Key 🔑
word　国際出願、国際出願日、国際調査、国際公開、国際予備審査、
国内移行手続

1　特許協力条約（PCT）とは

「全世界で通用するただ一つの世界特許」を、得ることはできるのでしょうか。

　残念ながら現状では、一つの特許権で世界中の国すべてをカバーすることはできません。特許権は、保護を求める各国ごとに存在するため、ある国で特許による保護を受けたいと思うなら、その国で特許権を認めてもらうしかありません。とはいえ、経済のグローバリゼーションが進む今日、特許の国際的な保護がますます必要とされています。

　特許協力条約（PCT）は、発明の保護を目的とし、一つの特許出願を多数国への特許出願として扱う「国際出願」という制度を定めた条約です。ただし、これも世界中で通用する一つの「特許権」を認めるわけではなく、一つの「特許出願」をもって多数国へ出願したのと同じ状態になることを可能としたにすぎません。結局は、出願の際に指定した国ごとの審査を経なければ、特許権は付与されません。

　また、欧州特許条約のように、一カ所で審査を受けるだけで各国の特許権を束のように得ることができる地域システムもあります。現在、EU ではさらに進んでいて、域内においては一つの権利だけで通用する欧州特許

権を認めよう、という議論がなされていますが、現時点では実現に至ってはいません。

　現在のところ、世界で通用する一つの特許権を取得することはできませんし、それを成立させるには各国ごとに制度が異なるため、多くの困難があります。

　特許協力条約（PCT）の利点は、保護を希望する複数の国への特許出願手続が簡素になるところです。出願人や官庁が、各国ごとに行わなければならなかった手続きや費用の負担が軽減され、効率化が図れます。加えて、出願書類などに含まれる技術情報が広く共有され、普及が促進されることも期待されています。

PCTに基づく国際出願の流れ

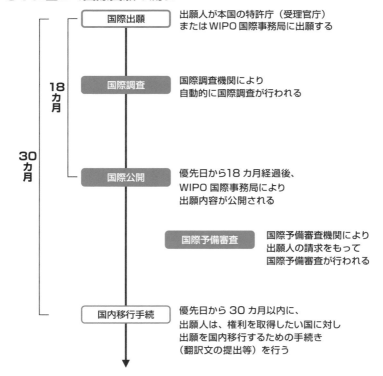

18カ月 / **30カ月**

| 国際出願 | 出願人が本国の特許庁（受理官庁）またはWIPO国際事務局に出願する |

国際調査 国際調査機関により自動的に国際調査が行われる

国際公開 優先日から18カ月経過後、WIPO国際事務局により出願内容が公開される

国際予備審査 国際予備審査機関により出願人の請求をもって国際予備審査が行われる

| 国内移行手続 | 優先日から30カ月以内に、出願人は、権利を取得したい国に対し出願を国内移行するための手続き（翻訳文の提出等）を行う |

特許法・実用新案法

商標法

意匠法

条約

著作権法

その他の知的財産に関する法律

PCT に基づく国際出願の流れを見てみましょう。

（1）国際出願

出願人は、自国の特許庁または WIPO 国際事務局に国際出願をします。日本の特許庁であれば、出願書類を日本語または英語で提出できます。所定の要件を満たすと、「国際出願日」が認められ、各国でこの日が正規の出願日として扱われます。

（2）国際調査

すべての PCT 出願は、国際調査機関により、自動的に国際調査が行われます。この調査は、PCT 出願された内容に関連のある先行技術の発見を目的としています。

なお、調査結果は、国際調査報告として、出願人および WIPO 国際事務局に送付されます。このとき、発明の特許性に関する見解である国際調査見解書も、あわせて示されます。

（3）国際公開

PCT 出願の内容は、原則として、優先日から18カ月経過後に WIPO 国際事務局により公開されます。優先日とは、パリ条約の優先権制度を利用して優先権を主張する際に、その主張の基礎となる出願日をいいます。優先権を主張していない場合は、その出願の国際出願日が優先日となります。

（4）国際予備審査

出願人は、国際予備審査機関に対し、PCT 出願した内容が新規性、進歩性、産業上利用可能性を有するかどうかについて、国際予備審査を請求できます。

（5）国内移行手続

　国際出願すると、原則として、すべての PCT 締約国に出願したものと みなされます。しかし、実際に権利化を図りたい国に対しては、優先日か ら30カ月以内に翻訳文を提出するなど、国内移行手続を取ることが必要 です。

3　PCT 出願のメリット

　国際出願をするメリットは、一カ所の特許庁に出願すれば、その出願に ついて国際出願日が認められるという点です。国際出願日には、すべての 指定国において正規に国内出願をした、という効果があります。国際出願 日を認めてもらうために出願人が満たさなければならない要件は、それほ ど多くありません。例えば、出願資格を確認できるような、出願人の国籍 が記載された書類の提出などです。

　もう一つのメリットとしては、国内移行段階までに30カ月という時間を 得られることです。この間に出願人は、どの国で審査を受け、権利取得手 続を進めるかを十分に検討できます。パリ条約における優先権制度を利用 すると、最初の出願日から12カ月の間に翻訳文を準備し、後の出願をしな ければならないのに対し、国際出願ならば、優先日（通常は国際出願日） から30カ月の間に、翻訳文など所定の書面を提出すればよいといえます。

　つまり、特許協力条約（PCT）を利用すると、多くの国で特許権を得 たい場合に手続きが簡潔になり、そして、その特許文献に載せられている 有用な技術情報の普及が促進されるのです。

PCT出願の流れは、「国際出願」→「国際調査」→「国際公開」→（国際予備審査）→「国内移行手続」の順に進む。

Question の 正解と解説

正解 **B**

 特許協力条約（PCT）による国際出願がされると、その出願は受理官庁で受理されます（PCT10条）。そこで一定の要件を具備していることが確認されると、WIPO国際事務局に記録原本が送付され、国際調査機関には調査用写しが送られます（PCT12条）。この国際調査機関では、この調査用写しに基づいて国際調査を行い（PCT15条）、その後、出願人に国際調査報告が送付されます（PCT18条（2））。

また、国際調査報告の送付から3カ月以内、または優先日から22カ月以内に、出願人は国際予備審査の請求をすることができます（PCT規則54の2、PCT31条）。

出願人が、実際に権利化を図りたい国に対し、優先日から30カ月以内に移行手続を行えば（PCT22条）、移行手続が取られた国において実体審査が始まります。

Ⓐ について、国際出願の書類は所定の言語で作成されていればよく（PCT11条（1）（ii））、例えば、日本国特許庁を受理官庁として国際出願する場合は、日本語または英語で行うことができます。必ずしも英語で作成する必要はありません。よって、本肢は誤りです。

Ⓑ について、上述の通り、優先日から30カ月を経過する時までに、権利化を図りたい国の指定官庁に対し、国際出願の写しおよび所定の翻訳文の提出、また必要であれば、国内手数料の支払い（国内移行手続）を行わなければなりません（PCT22条（1））。よって、本肢は適切です。

Ｃについて、国際出願の国際公開は、原則として、国際出願の優先日から18カ月を経過した後、すみやかに行われます（PCT21条（2）（a））。よって、本肢の前半部分は適切です。

ただし、国際出願については、原則すべての出願が国際調査の対象となるため、出願人は国際調査の請求をする必要がありません（PCT15条（1））。したがって、後半部分が誤りとなり、本肢は誤りです。

←━━ **Question は、135 ページ**

18 その他の条約

　日本の飲料メーカーX社では、国内でお茶飲料を発売したところ、売れ行きが好調なため、アジア諸国に輸出して販売することを決定しました。アジア諸国での販売に際しては、日本国内でそのお茶飲料に付されている商標「★●☆○」と同様の商標を利用する予定です。この商標について、日本では商標登録出願していますが、まだ商標登録は受けていません。

　X社の知的財産部のAは、輸出先の候補となっている国で当該商標を権利化するよう、上司から命令を受けました。

アジア展開決定！

この場合、次の **A** 〜 **C** のうち、対応または考えとして正しいものを選び、その理由を答えなさい。ただし、正しいものは一つとは限りません。また、正しいものがない場合もあります。

A 海外で商標権を取得したい場合には、ベルヌ条約やハーグ協定に規定される制度を利用できないか、検討するとよい。

B 日本で商標登録が認められていなければ、その商標についてマドリッド協定議定書に規定される国際出願制度を利用することはできないので、出願中の「★●☆○」に基づいて国際出願をすることはできない。

C 登録商標「★●☆○」の登録日から12カ月以内であれば、外国で商標登録出願のときに、パリ条約の優先権制度を利用することができる。

Hint 外国で商標を権利化する方法には、主に以下の方法がある。①外国に直接出願、②パリ条約上の優先権制度を利用、③マドリッド協定議定書に規定する国際出願制度を利用。

⟶ **正解と解説は、150ページ**

Lesson
18. その他の条約

> 💡
> **Point**　日本が加盟している TRIPS 協定、マドリッド協定議定書、ベルヌ条約と、ハーグ協定、PLT を整理する

> 🔑
> **Key word**　TRIPS 協定、マドリッド協定議定書、ハーグ協定、特許法条約（PLT）、ベルヌ条約

1　TRIPS 協定

　TRIPS 協定（知的所有権の貿易関連の側面に関する協定）とは、知的財産権の包括的な保護に関する条約です。特許権のみならず、意匠権や商標権など知的財産権全体を対象としています。知的財産権の適切な保護や、権利行使の確保、紛争解決について、規定されています。

　TRIPS 協定においても、パリ条約の三大原則の一つである「内国民待遇」が採用されています。さらに、加盟国が他の国民に与える有利な利益や免除等は、即時かつ無条件に他の加盟国の国民に与えなければならないという原則「最恵国待遇」も含まれています。

2　マドリッド協定議定書

　マドリッド協定議定書に規定される制度を利用すれば、複数の国において商標登録を受けるための手続きが簡素化されます。国際登録を希望する者は、基礎となる出願・登録のある官庁を通じて、WIPO 国際事務局に国際出願をし、締約国のうち保護を受けたい国を指定します。指定された各国では、自国の制度に基づいて出願されたものと同じように、その国際出

願を審査します。つまり、国際出願をすると、WIPO国際事務局一カ所に手数料を支払えば、手続きが済んでしまいます。とはいえ、手続きは大幅に削減できるものの、指定国において商標が保護を受けられるかどうかは、その国ごとに判断が委ねられています。

　商標登録後は、存続期間の更新や名義人変更等の手続きもWIPO国際事務局を通じて行えるため、国際登録簿で一元管理が可能です。国際登録の存続期間は日本国と同様に10年で、さらに10年ごとに更新ができます。

マドリッド協定議定書に基づく国際出願の流れ

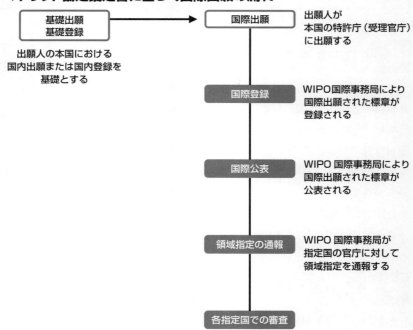

3 ハーグ協定

ハーグ協定は、意匠の国際的保護に関する取り決めです。意匠の保護を受けるには、原則として、その国において意匠登録を認められる必要があり、複数の国で保護を求める場合には、それぞれの国で意匠登録出願をし、その国の制度にのっとった審査を経なければなりません。ハーグ協定は、このプロセスを容易にする規定です。

ハーグ協定のジュネーブ改正協定に基づく意匠の国際登録制度とは、WIPO 国際事務局への一つの出願手続で、複数国（締約国）に同時に意匠出願した場合と同様の効果が得られる制度です。

なお、各国に直接出願した場合と同様に各国の意匠権はその領域内に限定されます。

ハーグ協定の制度は、マドリッド協定議定書による国際出願制度と似ており、WIPO 国際事務局が、出願、公開、国際登録など、各国で共通する手続きを取りまとめて行います。さらに、ハーグ協定では、国際出願が国際登録簿に登録されると、保護を求めた複数の締約国において、意匠の保護が受けられます。言い換えれば、出願人が各国ごとに出願手続を行い、当該国で登録されたのと同じような保護を、一つの手続きを行うだけで受けられるということです。

このように、ハーグ協定を利用すると、一度の手続きで複数国での権利取得が可能となります。複数国で、最大100の意匠について、単一書類・単一言語・単一通貨での一括出願手続が可能となるため、複数国において意匠権を取得するために必要な直接・間接コストの低廉化を図ることができます。

そして、複数国・複数意匠についての意匠権の管理が容易となります。国際登録の更新や移転等の手続きは WIPO 国際事務局に対する一回の手続きで可能となるため、複数国・複数意匠についての意匠権の管理が容易となります。なお、国際登録の存続期間は、国際登録日から5年で、更新することができます。

とはいえ、ハーグ協定を利用して権利を取得すれば、世界中で保護を受けられるというわけではありません。ハーグ協定に未加入の国もあるからです。

4　特許法条約（PLT）

特許法条約（PLT）は、各国で異なる国内での特許出願手続を必要最低限に統一し、簡素化することで、出願人の負担を軽くすることを狙いとした条約です。

5　ベルヌ条約

ベルヌ条約は、著作物を国際的に保護するための条約です。
この条約では、

---

①内国民待遇……条約の加盟国は、他の加盟国の著作物に対して、国内の著作物の保護と同等以上の保護を与えなければならない

②無方式主義……著作物を創作すると、出願や登録をせずとも、著作者は著作権を有する

③遡及効……条約の発行前に創作された著作物にも適用される

などが、定められています。

6　商標法に関するシンガポール条約（STLT）

商標法に関するシンガポール条約（STLT）とは、各国で異なる商標登録出願等に関する手続きの統一化及び簡素化を目的とし、出願人の利便性向上及び負担軽減を図る条約です。

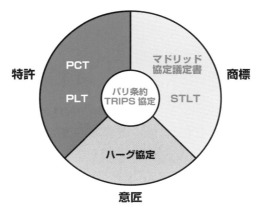

条約と保護対象の関係図

| まとめ |

国際出願に関する条約は、特許は特許協力条約（PCT）、特許法条約
（PLT）、商標はマドリッド協定議定書、商標法に関するシンガポール
条約（STLT）、意匠はハーグ協定である。

Question の 正解と解説

正解　なし

解説　**A**について、ベルヌ条約は著作物の保護等に関する条約です。そして、ハーグ協定は意匠の国際的保護に関する取り決めです。したがって、外国での商標の権利化にあたり、ベルヌ条約やハーグ協定の制度を利用することはできません。よって、本肢は誤りです。

Bについて、国際出願をする場合には、その商標について締約国（自国）における基礎出願または基礎登録が必要とされます。自国で商標登録がされていなくとも、すでに商標登録出願がされていれば、国際出願制度を利用することができます。よって、本肢は誤りです。

Cについて、商標についてもパリ条約に規定される優先権制度を利用することができますが、優先期間は特許と異なり、最初の出願日から6カ月です。よって、本肢は誤りです。

← Question は、144 ページ

知的財産に関わる条約　Column 5

　世界知的所有権機関（WIPO）とは、条約のとりまとめなどを行い、世界的な知的財産の保護を促進するための機関です。特許や商標、意匠、原産地名称は、それぞれに関する制度を通じて国際的に保護されています。

　具体的には、特許については「PCTシステム」、商標については「マドリッド・システム」、意匠については「ハーグ・システム」、原産地名称については「リスボン協定」があり、すべてWIPOが管理しています。

　マドリッド・システムは、商標の国際的な登録に関するもので、「マドリッド協定」と「マドリッド協定議定書」という、互いに補完する２つの協定によって支えられています（名前は似ていますが、この２つは異なる協定です）。ただ、日本国はマドリッド協定には加盟していません。

　意匠に関しては、国際的登録と国際的な寄託の仕組みを規定するハーグ協定があります。

　ほかに、原産地表示の国際的登録を規定するリスボン協定があります。リスボン協定については、原産地名称の登録は各国からの要請に基づくため、一般の人にとってそれほど影響はないといえるでしょう。

著作権法

19 著作権法の目的と著作物

　家電量販店の広報部に在籍しているＡさんは、自社ホームページの制作と更新を担当しています。ホームページの閲覧数を増やすため、毎日の更新は欠かせません。

　インターネット上から注目の記事をピックアップする「家電ニュース」コーナーや、電気製品に関連した法律の知識を解説したページ、各メーカーの取扱説明書をダウンロードできるカスタマーサポートなど、さまざまな企画を用意しています。

　ふと、この中で著作権を侵害しているコンテンツがあるのか、気になりました。

Question

この場合、次の **Ａ** 〜 **Ｃ** のうち、対応または考えとして正しいものを選び、その理由を答えなさい。ただし、正しいものは一つとは限りません。また、正しいものがない場合もあります。

Ａ インターネットから拾ってきた記事は、事実をそのまま書いているだけなので著作物には当たらない。よって、無断でホームページに掲載しても著作権侵害とはならない。

Ｂ 法律は、日本国が発令した著作物であるが、日本の著作権法では保護されない。よって、無断でホームページに掲載しても著作権侵害とはならない。

Ｃ 取扱説明書は、製品の使い方を書いているだけなので、著作物には当たらない。よって、無断でホームページに掲載しても著作権侵害とはならない。

「著作物」の定義を著作権法2条1項1号で、著作物の例示を10条1項各号でそれぞれ確認しよう。

➡ **正解と解説は、161 ページ**

19. 著作権法の目的と著作物

> 💡 **Point** 著作物の成立要件を理解し、成立要件を満たしても著作物にならないものを把握する

> 🔑 **Key word** 文化の発展、思想、感情、創作的、表現、二次的著作物、編集著作物、データベースの著作物

1 著作権法の目的

著作権法は、「著作物ならびに実演、レコード、放送および有線放送に関し著作者の権利およびこれに隣接する権利を定め、これらの文化的所産の公正な利用に留意しつつ、著作者等の権利の保護を図り、もって文化の発展に寄与すること」を目的としています（著1条）。特許法などでは「産業の発達」に寄与することを目的としていますが、著作権法では、「文化の発展」に寄与することが最終目的です。

2 著作物とは

条文

著作権法2条1項1号　著作物　思想又は感情を創作的に表現したものであつて、文芸、学術、美術又は音楽の範囲に属するものをいう。

著作権法は著作物という、「人が頭を使って創作した成果」を保護します。著作権法がカバーする領域は、文学や芸術のような文化の範囲です。

例えば、小説、音楽、絵画や彫刻等の美術などが、これに該当します。最近では、コンピュータ・プログラムやデータベースなどの技術的な成果も、対象に含まれてきています。

　著作権法において、著作物とは、「思想または感情を創作的に表現したものであって、文芸、学術、美術または音楽の範囲に属するものをいう」と定義されています（著2条1項1号）。

　言葉を分けて考えてみましょう。

①思想または感情

　著作物と認められるには、人間の考えや思いが関わっていることが必要です。事実の伝達にすぎない雑報および時事の報道など、客観的な事実やデータは著作権法の保護対象外です。

例	理由
✕ 新聞に掲載された訃報（著作物ではない）	事実の伝達にすぎないため
○ 新聞記事（著作物となり得る）	わかりやすく簡潔に伝える工夫があるため

②創作的

　創作者の個性が表れていればよく、技術の高度さや独創性の高さは要求されません。例えば、プロの画家が描いた絵でも、アマチュアの絵でも、著作権法上は等しく保護されます。

③表現したもの

　著作権法では、頭の中にあるアイデア自体を保護するのではなく、考えや思いを外部に「表現」したものを保護します。

　例を挙げてみましょう。夏目漱石が執筆した『我輩は猫である』という小説があります。夏目漱石が、猫の視点から見た人間の様子を物語として"頭の中"で構想した時点では、まだ表現されていませんので著作権法で

は保護されません。その構想を『我輩は猫である』という小説で文章にしてはじめて、著作権法の保護対象となるのです。

　また、『我輩は猫である』と同じ構想に基づいているとしても、その表現が異なるのであれば、他の作家が創作した新たな物語も保護されます。この点で、特許法が技術的アイデアという「思想」を保護対象としているのとは異なります。

④文芸、学術、美術または音楽の範囲

「文化の範囲」に属するものが著作物となります。したがって、産業の範囲にのみ属する工業製品は、対象から除かれます。自動車などの工業製品のデザインは、工業的技術を利用して同一物を量産できるため、文化の範囲に属するとは考えられず著作権法の保護対象外といえますが、意匠法において保護される可能性があります。

3　著作物の例示

　著作権法では、著作物を例示しており、小説など言語の著作物や音楽の著作物などが挙げられています（著10条）。なお、これらはあくまで例示ですので、列挙されているものに限られません。

著作権法10条で例示されている著作物

- 小説、脚本、論文、講演その他の言語の著作物
- 音楽の著作物
- 舞踊または無言劇の著作物
- 絵画、版画、彫刻その他の美術の著作物
- 建築の著作物
- 地図または学術的な性質を有する図面、図表、模型その他の図形の著作物

・映画の著作物

・写真の著作物

・プログラムの著作物

4 その他の著作物

(1) 二次的著作物

　二次的著作物とは、著作物の翻訳や小説の映画化など、翻案により創作された著作物をいいます（著2条1項11号）。ほかに、クラシック音楽をロック調に編曲した曲などもこれに当たり、元の著作物に新たな創作性が加えられてできた著作物を指します。しかし、こうした翻案等の行為は、著作権者の許可なく行うことはできませんので、注意しましょう。

　なお、二次的著作物を利用したいときは、二次的著作物の著作者のみならず、その元となった著作物の著作者の許諾も必要となります（著28条）。

(2) 編集著作物

　編集著作物とは、例えば、新聞や雑誌など、その素材の選択又は配列によって創作性を有するものをいいます（著12条）。編集著作物を構成する素材一つひとつについて、著作物であるか否かは問われません。なお、データベースの著作物は、編集著作物から除かれています。

(3) データベースの著作物

　データベースの著作物とは、データベースでその情報の選択又は体系的な構成により、創作性を有するものをいいます（著12条の2）。ここで、データベースとは、記録されている情報がキーワードなどによりコンピュータで検索できるように、体系的に構成されているものが該当します。

編集著作物、データベースの著作物とも、それを構成する素材（例えば、雑誌の中の写真や、論文データベースを構成する各々の論文など）に著作物性があるならば、それらの著作物を利用する際には、編集著作物等の著作者と、そこに収められた個々の著作物の著作者、双方からの許諾が必要となります（著12条2項、12条の2第2項）。

5 保護対象とならない著作物

国民に広く伝えられるべきという公益上の理由から、著作物の要件を満たす場合でも、著作権法による保護を受けられないものが規定されています（著13条）。

---

①憲法その他の法令
②国等が発行する告示、訓令、通達その他これらに類するもの
③裁判所の判決、決定等
④①～③の翻訳物および編集物で、国等が作成するもの

まとめ

著作物とは、思想または感情を創作的に表現したものであり、いわゆる文化の範囲に属し、著作権法において例示されている。また、二次的著作物、編集著作物、データベースの著作物などの著作物がある。

Question の 正解と解説

正解 **B**

解説 　著作物とは、思想または感情を創作的に表現したものであって、文芸、学術、美術または音楽の範囲に属するものをいい（著2条1項1号）、著作権法10条1項各号に例示されています。著作物を無断でホームページに掲載すると、公衆送信権の侵害に当たると考えられます（著23条）。

Ａについて、「記事」は、一般に著作物に該当すると考えられます（著2条1項1号）。よって、本肢は誤りです。

Ｂについて、憲法その他の法令や、国等の機関が発する通達、裁判所の判決等は、国民に広く知らしめるべき内容であるため、著作物性が認められる場合であっても、日本の著作権法による保護の対象にはなりません（著13条）。よって、本肢は適切です。

Ｃについて、「取扱説明書」は、機器等の取扱方法を表現するにあたって、著作者の思想または感情を創作的に表していると認められる場合には、「言語の著作物」等に該当すると考えられます（著10条1項1号等）。よって、本肢は誤りです。

← Question は、155 ページ

20 著作者

映画会社のＶ社では、最新テクノロジーのＣＧを駆使した新作ＳＦ映画「☆☆☆」を製作することになりました。ベストセラー作家Ｂさんの作品をベースに、ベテラン脚本家のＣさんが脚本を書き下ろします。音楽の担当は、海外でも名高いＤさん。そのほか、演出や撮影をすべて日本人が行います。

豪華布陣の総指揮を執り、映画「☆☆☆」の全体的な製作を担うのは注目の若手監督Ｅさんであり、従えるスタッフは全員Ｖ社の社員という構成です。

Ｖ社は、この映画「☆☆☆」の著作権を有したいと考えています。

Question

この場合、次の **A** 〜 **C** のうち、対応または考えとして正しいものを選び、その理由を答えなさい。ただし、正しいものは一つとは限りません。また、正しいものがない場合もあります。

A 映画「☆☆☆」の製作に関わったすべての人が著作者となるので、V社は全員から権利を譲渡してもらわなければならない。

B 監督がV社の社員ではなく、V社と映画「☆☆☆」の製作に参加することを約束している場合、V社は監督から権利を譲渡してもらわなければならない。

C 監督がV社の社員であり、映画「☆☆☆」がV社名義で発表される場合、V社が著作者となり得る。

Hint 映画の著作物の著作者が誰になるかは、製作スタッフがどこに所属しているかで決まる。

⟶ 正解と解説は、167 ページ

20. 著作者

1 著作者とは

　著作者とは、「著作物を創作する者」をいいます（著2条1項2号）。よって、単に資金提供をしただけの者や、作業を手伝っただけの者は、著作物を創作していないので著作者とはなりません。例えば、A社がシステム開発をB社に外注で委託し、開発費500万円を支払ったとしても、著作者はB社の開発者となります。

2 共同著作

　複数人が共同し、分離して利用できない一つの著作物を創作した場合、それは共同著作物となり（著2条1項12号）、各人が著作権を共有します。例えば、座談会での議論は、すべての発言がなければ意味が通じなくなることがあるため、その会の議論は分離して個別に利用不可と考えられ、共同著作物に該当するといえます。

　反対に、歌詞と楽曲からなる歌や、文章と挿絵からなる小説、章ごとに異なる人物が執筆した解説書などは、別々に利用することが可能なので、共同著作物には該当しません。

3　職務著作（法人著作）

　会社の従業員が、自己の仕事として著作物を創作した場合には、その会社（法人）が著作者となり、著作者人格権と著作（財産）権を有することがあります（著15条）。これを職務著作（法人著作）といいます。

　成立するための要件は、

---

①会社等の発意に基づくこと

②会社等の業務に従事する者が職務上作成すること

③会社等が自社の名義のもとに公表すること（プログラムの著作物の場合は不要）

④作成時に、従業者を著作者とするといった契約等の、特別な定めがないこと

が挙げられます。

4　映画の著作物

　映画の製作には多数の人が関与し、巨額の費用が投入されることから、利用や流通の便宜を図るために特別な規定を設ける必要があると考えられています。映画の著作物に関しては、全体的形成に創作的に寄与した者が、その映画の著作物の著作者となると定められています（著16条）。映画製作の全体に関わるような、映画プロデューサーや映画監督などが、著作者に該当するといえます。

　次に、著作者が映画製作者に対して、その映画の著作物の製作に参加することを約束している場合には、映画の著作物の著作（財産）権は映画製作者に属するという規定もあります（著29条1項）。映画製作者とは、映画の著作物の製作に発意と責任を有する者で（著2条1項10号）、例えば映画会社です。

著作物を創作した者が、著作者である。複数人で分離して利用できない著作物を創作した場合は、共同著作となる。また、会社の発意により職務上作成し、会社の名義で発表された著作物は、職務著作となり、会社が著作者となる。

Questionの**正解と解説**

正解 **C**

解説　著作権法では、映画の著作物の著作者について、「制作、監督、演出、撮影、美術等を担当してその映画の著作物の全体的形成に創作的に寄与した者とする」と規定されています（著16条）。

また、映画の著作物の著作者から、「その映画の著作物において翻案され、又は複製された小説、脚本、音楽その他の著作物の著作者」は除かれます（著16条）。

Aについて、上述の通り、「制作に関わったすべての人」が著作者となるわけではありません。よって、本肢は誤りです。

Bについて、上述の通り、「映画監督」は映画の全体的形成に創作的に寄与しているので著作者となりえますが、著作権については、「その著作者が映画製作者に対し当該映画の著作物の製作に参加することを約束しているときは、当該映画製作者に帰属する」と規定されています（著29条1項）。

映画製作者とは、「映画の著作物の製作に発意と責任を有する者」をいい（著2条1項10号）、本問の場合、映画会社を指します。よって、本肢は誤りです。

Cについて、映画の著作物がいわゆる職務著作（法人著作）に該当する場合は、その映画の著作物の著作者は法人（会社）となります（著16条ただし書）。本問の場合はV社の社員である監督EがV社の発意に基づき製作し、V社名義で発表されるので職務著作に該当する可能性が高く、V社は映画の著作者になりえます。よって、本肢は適切です。

←── Questionは、163ページ

21 著作者人格権

　ペットフードの大手メーカーW社では、"犬"をテーマにした作品のコンテストを毎年開いています。対象作品は、写真でもイラストでも、自ら創作したものなら何でも可、という基準です。ただし、受賞作はW社の会社案内やホームページなどに掲載されたりと、さまざまに利用されるため、W社に自由に使わせることがコンテストに応募する条件となります。

　審査は社内で行われ、優勝作品の制作者には、賞金とドッグフード1年分が賞品として贈呈されます。今年の優勝作は、「犬と遊ぶ子どもたち」というタイトルのイラストでした。

Question

　この場合、次の **A** ～ **C** のうち、対応または考えとして正しいものを選び、その理由を答えなさい。ただし、正しいものは一つとは限りません。また、正しいものがない場合もあります。

A ホームページにイラストをアップロードする前に、作者に実名も載せていいかを確認した。

B 会社案内にイラストを掲載する際、特に印象的な部分を抜き出したかったので、作者の了解を得ずに、イラストをトリミングした。

C 会社のロビーにイラストを飾るときに、英語表記の方がオシャレに見えると判断し、題名を「The Children Playing with the Big Dog」に無断で変更。日本語の題名は掲示しなかった。

 Hint 著作者人格権は、「公表権」「氏名表示権」「同一性保持権」。

→ 正解と解説は、172 ページ

21. 著作者人格権

 Point 著作者人格権としての３つの権利を理解する

 Key word 著作者人格権、著作（財産）権、公表権、氏名表示権、同一性保持権

1 著作者の権利

　著作者は、著作者人格権と著作（財産）権を有しますが、行政庁への出願や登録などの手続きを必要とせず、著作物を創作すると無方式でこれらの権利が発生します。著作者の権利は、著作者人格権と著作（財産）権の大きく２つに分けられます。

著作者の権利一覧

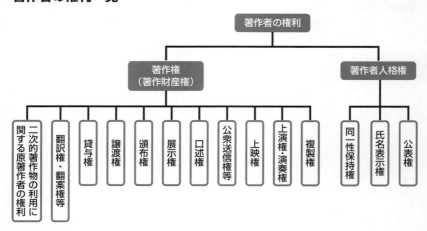

2　著作者人格権とは

　著作者人格権とは、著作者の人格的・精神的利益を保護するための権利で、①公表権、②氏名表示権、③同一性保持権という3つの権利の総称です。

①公表権

　著作者は、未公表の著作物を公表するかしないか、公表する場合は時期や方法を決定できる権利を有しています（著18条）。いったん公表した著作物については、公表権を主張することはできません。

②氏名表示権

　著作者は、著作物に著作者名を表示するかしないか、するなら実名か変名かを決める権利を有しています（著19条）。

③同一性保持権

　著作者は、その著作物とその題号（タイトル）について、著作者の意に反する切除や改変などを加えることを禁止できる権利を有しています（著20条）。例外的に、明らかな誤字や脱字の修正、その他やむを得ない改変は同一性保持権を侵さない行為として、認められています。

　また、著作者の名誉や声望を害する方法により著作物を利用すると、著作者人格権を侵害する行為とみなされます（著113条11項）。例えば、美術的な絵画を卑わいなサイトで使用する等の行為が該当すると考えられます。

まとめ

著作者に発生する権利には大きく分けて著作者人格権と著作（財産）権があり、著作者人格権は、公表権、氏名表示権、同一性保持権という3つの権利の総称である。

特許法・実用新案法

意匠法

商標法

条約

著作権法

その他の知的財産に関する法律

Question の 正解と解説

正解　**A**

解説　　著作権法上、著作者人格権として「公表権」「氏名表示権」「同一性保持権」が規定されています（著17条1項、18条、19条、20条）。

Aについて、著作物を公衆へ提供または提示する場合、著作者の氏名を表示するかしないか、また、表示するのであれば実名か変名かを決定できる権利を「氏名表示権」といいます（著19条1項）。すなわち、著作物を公衆へ提供または提示する際に、著作者の氏名を表示するには、氏名表示権を有する著作者の承諾を必要とします。よって、本肢は適切です。

Bについて、著作者の意に反して、その著作物およびその題号の変更、切除その他の改変を受けない権利を「同一性保持権」といいます。イラストの一部をカットする行為は、著作物の改変に該当し、著作者の許諾なく行うと同一性保持権の侵害となる可能性があります（著20条1項）。よって、本肢は誤りです。

Cについて、題号を無断で改変する行為は、同一性保持権の侵害となる可能性があります（著20条1項）。よって、本肢は誤りです。

←── Question は、169 ページ

22 著作（財産）権

映画の DVD を販売する X 社では、まだモノクロだった時代の邦画をリマスターし、シリーズで売り出そうと企画しています。発売は来年の予定です。その第 1 弾として、「■□■□」が候補に挙がりました。これは、大御所作家 F の時代小説を原作とした、幕末期を描いた映画です。

X 社の知的財産部の社員 G さんは、再販売にあたり、著作権が問題になると考えました。著作権の存続の有無や、許可を取らなければならない相手などを確認しています。

これをシリーズ化したいな

この場合、次の **A** 〜 **C** のうち、対応または考えとして正しいものを選び、その理由を答えなさい。ただし、正しいものは一つとは限りません。また、正しいものがない場合もあります。

A 著作権の存続期間は、著作者の死後70年を経過するまでである。来年になれば著作者が死亡してから70年を過ぎることがわかったので、許可を取らなくてもよい。

B 映画を販売するので、原作者の作家に許可を取る必要はない。

C 映画の DVD を正式に購入した者でも、その DVD を X 社に無断で他人にレンタルしてはならない。

Hint 映画の著作物に関係する権利は、他の著作物とは異なる。

➡️ 正解と解説は、181 ページ

Lesson
22. 著作（財産）権

Point 11の著作（財産）権を理解し、著作物の種類により異なる存続期間や、その始点・終点を整理する

Key word 複製権、上演権および演奏権、上映権、公衆送信権、送信可能化、口述権、展示権、頒布権、譲渡権、貸与権、翻訳権・翻案権等、二次的著作物の利用に関する原著作者の権利、出版権

1 著作（財産）権とは

　著作（財産）権とは、「著作物を創作した者の経済的利益を保護するための権利」です。条文上は著作権と記載されていますが、著作者人格権との区別をわかりやすくするために、本書ではこの経済的利益に関する権利を「著作（財産）権」という表記で統一します。

（1）複製権

　著作権者に無断で、著作物を複製（コピー）されない権利です（著21条）。著作（財産）権の中心となる権利といえます。

　複製とは、印刷やコピー、写真、複写、録音、録画などにより実質的に同一のものを、有形的に作り出すことを指します。例えば、紙にコピーしたり、CDに録音する行為です。複製には、コピー機での精密な複製だけではなく、手で書き写す場合も含まれます。また、部数に関わらず、1部だけでも該当します。

（2）上演権および演奏権

　著作物を無断で、公に上演や演奏されない権利です（著22条）。上演・

演奏とは、脚本や音楽の著作物である場合、演劇の脚本を人前で演じる行為や、音楽を人前で演奏する行為をいいます。公衆に直接見せたり聞かせることを目的とした場合に該当するので、発表会の準備として行う演奏の練習などは、問題になりません。

（3）上映権

著作権者に無断で、著作物を公に上映されない権利です（著22条の2）。映画の著作物に限らず、映写幕や、そのほか物に投影できるすべての著作物が対象であるため、講演会などでプレゼンテーションする際にパソコンの画面を大きく映す行為や、資料をプロジェクターでスクリーンに映す行為なども上映に含まれます。

（4）公衆送信権

著作権者に無断で、著作物を公衆送信されない権利です（著23条）。ここでいう公衆送信とは、放送や有線放送、自動公衆送信（インターネットを通じた送信）などを指します。ホームページを開くと音楽が流れるようにする行為等が、これに当たります。手段が有線か無線かは問題となりませんし、その対象が不特定多数のみならず特定多数の人であっても、公衆に送信したと考えられます。

なお、インターネット上でホームページを見ることができる状態ではあるけれど、実際にはまだ誰もアクセスしていない場合（単にサーバにデータをアップロードした段階）でも、本規定の対象となります。このような行為を送信可能化といい、自動公衆送信される前の上記のような状況でも、公衆送信権侵害となります。

一方、ウェブサイト上でURLを用いてリンクを張る行為については、URLをクリックすればリンク先のウェブサイトが表示されるので、複製や公衆送信行為がされているようにも見えます。しかし、URLはインターネット上のいわば住所であり、それ自体は著作物性を有しませんし、自らのサイト上に他人のURLを表示するだけであれば、他人の著作物を何ら

利用していません。したがって、URL を用いてリンクを張る行為は、無断であっても、著作権法上は問題にはならないと考えられています。

（5）口述権

著作権者に無断で、言語の著作物を公に口述されない権利です（著24条）

（6）展示権

著作権者に無断で、美術の著作物または未発行の写真の著作物について、これらの原作品を公に展示されない権利です（著25条）。

（7）頒布権

著作権者に無断で、映画の著作物を頒布されない権利であり、映画の著作物だけに認められています（著26条）。頒布とは、有償・無償を問わず、複製物を公衆に譲渡または貸与することをいい、映画の著作物においては、公衆に提示することを目的として、その複製物を譲渡、貸与することを含むと規定されています（著2条1項19号）。後述する譲渡権と貸与権とを足したような内容となっています。

（8）譲渡権

著作権者に無断で、著作物の原作品または複製物を、公衆に提供されない権利です（著26条の2）。映画の著作物は、この規定の対象となりません。なお、権利者がすでに販売したなど、いったん譲渡した物に関しては、権利が消尽しているため、譲渡権の効力は及びません（著26条の2第2項）。

（9）貸与権

著作権者に無断で、著作物の複製物を公衆に貸与されない権利です（著26条の3）。よって、音楽CDのレンタルなどは、有料・無料にかかわらず、曲や歌の著作権者の許可を得ずに行うことができません。ただし、映画の著作物は、この権利の対象となりません。

（10）翻訳権・翻案権等

著作権者は、著作物を翻訳、編曲、変形、脚色、映画化、その他翻案する権利を専有します（著27条）。つまり、著作権者に無断で、二次的著作物を創作されない権利です。すでにある小説のストーリー性は維持しながら、表現形式を大人向けから子供向けに変える場合などが、翻案に当たります。

（11）二次的著作物の利用に関する原著作者の権利

二次的著作物とは、元となる著作物（原著作物）に新たな創作性が加えられて創られた著作物をいい、各々の著作物（二次的著作物および原著作物）について著作権が別々に発生しています。

二次的著作物が利用される場合、原著作物も利用されることになりますので、原著作物の著作者（原著作者）には、二次的著作物の著作者が有するものと同一種の権利が認められます（著28条）。したがって、二次的著作物を複製する際は、原著作者の許諾も必要となります。

2　著作権の発生と存続期間

著作物を創作すると、著作者には著作者人格権と著作（財産）権が自動的に発生します（著17条）。存続期間は、権利の性質上、異なります。

まず、著作者人格権は、簡単にいうと、創作した物への著作者の思い入れといった、気持ちの側面を保護するための権利です。それ故に、著作者

人格権は著作者の一身に専属し（著59条）、他人に譲渡や相続することも、放棄することもできません。よって、著作者人格権は、著作者の死亡と同時に消滅すると考えられています。しかし、著作者の死後であっても、著作者人格権を侵す行為をしてはいけません。

　一方で、著作（財産）権は、経済的利益を保護するための権利であるため、譲渡することができます（著61条1項）。存続期間は、原則として、著作物の創作時に始まり、著作者の死後70年を経過すると消滅します（著51条）。なお、共同著作物には著作者が複数人いるため、最後に死亡した者の死後70年までと規定されています。

　また、無名・変名の著作物や、法人名義の著作物については、著作物の公表後70年まで権利が存続します（著52、53条）。映画の著作物は、著作物の公表後70年（創作後70年以内に公表されないときは創作後70年）です（著54条）。

著作（財産）権の存続期間

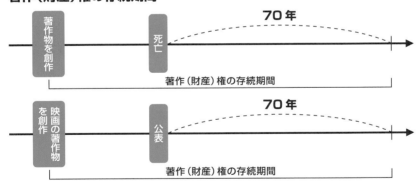

　保護期間の計算方法については、著作者が死亡した日の属する年の翌年1月1日から起算します※（著57条）。例えば、ある作家が2017年8月1日に死亡した場合、その作家が書いた小説の著作（財産）権の存続期間は、翌年2018年1月1日から起算して70年後、2087年12月31日に満了することになります。

※ 無名・変名の著作物、法人名義の著作物、映画の著作物の場合、公表された日の属する年の翌年から起算

保護期間の計算方法

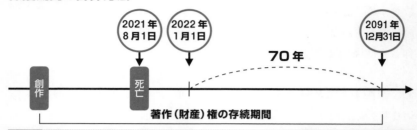

3 著作権の移転と譲渡

　著作（財産）権は、その全部でも、複製権など一部の権利だけでも、譲渡することができます（著61条1項）。したがって、著作者と著作権者は異なる場合があります。譲渡は、当事者間の契約でその効力が発生しますので、登録は不要です。一方、著作者人格権は、一身に専属するため、譲渡することはできません（著59条）。

4 出版権

　複製権者または公衆送信権者は、出版権を設定することができます（著79条）。出版権を設定された者（出版権者）は、①頒布目的で文書または図画として複製（記録媒体に記録された電磁的記録として複製することを含む）したり、②記録媒体に記録された著作物の複製物を用いてインターネット送信を行うことができます（著80条）。

　出版権を設定すると、その範囲では原則として、複製権者等であっても複製等することができません。

まとめ

著作（財産）権には、主に複製権、上映権、公衆送信権、頒布権、譲渡権、貸与権などがある。著作（財産）権は、著作物が創作された時に発生し、原則として著作者の死後70年で消滅する。

Question の 正解と解説

正解 **C**

解説 **Ⓐ** について、著作（財産）権の存続期間は、原則として、著作者の死後70年を経過するまでです（著51条2項）。映画の著作物については、その映画の著作物の公表後70年を経過するまで存続します。なお、創作後70年以内に公表されなかった場合は、創作後70年を経過するまでが存続期間です（著54条1項）。

本肢の場合、著作者の死亡時ではなく、その映画の公表時（公表されない場合は創作時）により著作権の存続期間が決まるため、来年に権利期間が終了しているとは言い切れません。よって、本肢は誤りです。

Ⓑ について、二次的著作物とは、「著作物を翻訳し、編曲し、若しくは変形し、又は脚色し、映画化し、その他翻案することにより創作した著作物」をいい（著2条1項11号）、二次的著作物の原著作物の著作者は、当該二次的著作物の利用に関し、この二次的著作物の著作者が有する権利と同一の権利を専有します（著28条）。

したがって、二次的著作物を利用する際は、二次的著作物の著作者だけでなく、原著作物の著作者の許諾を得る必要があります。この場合は、作家Fの許諾を得なければなりません。よって、本肢は誤りです。

■について、著作者は、その映画の著作物をその複製物により頒布する権利を専有します（著26条１項）。この「頒布権」は、譲渡権のように消尽することはありません。そのため、有料・無料に関わらず、著作権者に無断で映画の著作物を他人に貸与することはできません。よって、本肢は適切です。

← **Question は、174 ページ**

23 著作権の制限

音楽編集ソフトウエアを開発するＹ社では、創立10周年を記念してイベントを開催することになりました。このイベントの目玉は、オーケストラでの生演奏。有名なゲーム音楽から選曲しています。イベント当日には新作のソフトを発表し、特別に先行販売も行う予定です。

来場者を多く集めるために、取引先のクライアントや製品の愛用者に宛てて、イベントの告知ダイレクト・メールを幅広く送付しました。無料の入場券とともに、興味を引くためにＹ社のソフトが雑誌に掲載されたときの記事を引用した書面も同封しています。

この場合、次の **A** ～ **C** のうち、対応または考えとして正しいものを選び、その理由を答えなさい。ただし、正しいものは一つとは限りません。また、正しいものがない場合もあります。

A オーケストラでゲーム音楽を演奏するにあたり、来場者からは料金を徴収しないので、その楽曲の著作者の許可は必要ない。

B 記事の引用部分は、書面全体のごく一部であり、出典も明記されているので、雑誌記事に関する著作権を保有している者の許可は必要ない。

C このイベントで発表される新作ソフトを購入した場合、購入者が自宅でソフトのバックアップ・コピーを取るのに、Y社の許可は必要ない。

 Hint 著作者の権利を侵害しない、引用の仕方や利用方法をまとめておこう。

→ 正解と解説は、189 ページ

Lesson

23. 著作権の制限

> **Point** 著作権が制限される場面をおさえ、許諾なく著作物を利用するための条件を整理する

> **Key word** 私的使用のための複製、海賊版、引用、バックアップコピー

1 著作権の制限規定

　著作権者は、著作（財産）権に基づいて、他人が無断で著作物を使用する行為を禁止することができます。しかし、いくら権利を有するからといってあらゆる場面で禁止してしまうと、多くの人の社会生活に不都合が生ずるおそれがあります。また、権利者に無断であっても、その行為がそれほど損害をもたらさないこともありえます。

　社会全体の利益と、権利者の利益の双方を比較考量して、一定の場合には、著作権者の権利を制限することとしています。

（1）私的使用のための複製

　著作権法において、私的使用の目的で複製する行為には、著作（財産）権の効力が及ばない旨が規定されています（著30条）。

　具体的に考えてみましょう。

　テレビで放送されている連続ドラマを、時間のあるときに後で見ようと録画しておく行為は、原則としては著作物の複製といえます。つまり、権利者の複製権が問題となりうるのですが、このようなことまでいちいち権利者の許可を取る必要があるとしたら、不便で仕方がありません。そもそ

も、ドラマの作り手側もなるべくたくさんの人に楽しんでもらうために制作しているはずです。放送時間どおりにドラマを視聴できない人にも、自宅で録画したものを見てファンになってもらい、その後の放送を見続けてもらえるのであれば、それは喜ばしいことともいえます。

このような理由から、**個人的または家庭内**、またはこれに準ずる限られた範囲内における使用を目的とするときは、著作権者に無断で著作物を複製できると規定されています。

ただし、インターネット上で、違法にアップロードされた音楽や映像（いわゆる**海賊版**）について、それが違法にアップロードされたものであることを知りながらそれをダウンロード（録音、録画）する行為は、たとえ私的使用目的であっても、複製権の侵害となります（著30条1項3号）。

さらに、音楽や映像に限らず、著作物全般（漫画、書籍、論文、コンピュータプログラムなど）についても、違法にアップロードされたことを知りながらダウンロードする行為は複製権の侵害となります（著30条1項4号）。ただし、①スクリーンショットを行う際の写り込み、②漫画の1コマ〜数コマなど「軽微なもの」、③二次創作・パロディ、④「著作権者の利益を不当に害しないと認められる特別な事情がある場合」のダウンロード、については規制対象から除外されています。

私的使用に該当する行為、しない行為

私的使用に 該当する	○ レンタルした CD を自分で聞くために、携帯型音楽プレーヤーに録音 ○ 部屋で練習するために、友人に借りた楽譜をコピー
私的使用に 該当しない	✕ 会社の会議資料として、自分で購入した雑誌記事をコピー ✕ コピーコントロールされた音楽 CD のコピーガードをはずしてコピー

（2）引用

　公表された著作物は、引用して利用することができます（著32条）。例えば、自分の論文に他人の論文の一部を記載し、これを批評する場合などが該当します。無制限に許されるわけではなく、公正な慣行に合致し、引用の目的上正当な範囲内で行われるものでなければなりません。

「公正な慣行に合致」とは、引用の必然性があるという意味です。また、「引用の目的上正当な範囲内」は、引用箇所が明瞭に区別でき、引用する側が主、引用される側が従である、と考えられています。なお、引用する際には、引用した著作物の出所を明示する必要があります（著48条）。

　このほかにも、

①いわゆる「写り込み」（付随対象著作物の利用）等
　（著30条の2〜30条の4）
②学校その他の教育機関において、授業で利用する目的での複製・
　公衆送信等（著35条）
③非営利・無料・無報酬で、公に上演や演奏（著38条）
④美術や写真の著作物の原作品を譲り受けた者による展示（著45条）
⑤購入者によるプログラムのバックアップコピー（著47条の3）
⑥電子計算機における著作物の利用に付随する利用等（著47条の4）

などは、著作権者の許諾なく行うことができます。

　このように、一定条件のもとでは、著作権者の権利が制限されています。

まとめ

著作権者の権利が制限される場合として、私的使用の目的のための複製、引用、学校の授業内で利用するための複製、非営利・無料・無報酬の演奏、美術や写真の原作品の展示、プログラムのバックアップコピーなどが挙げられる。

Question の 正解と解説

正解 **B** **C**

Aについて、公表された著作物は、①営利を目的とせず、②聴衆または観衆から料金を受けず、③実演を行う者等に対して報酬が支払われない場合には、著作権者の許可なく公に上演等することができます（著38条1項）。しかし、本問の場合は営利目的となるため、演奏するには著作権者の承諾が必要です。よって、本肢は誤りです。

Bについて、公表された著作物は、引用して利用することができます。その引用は、公正な慣行に合致するものであり、かつ、報道、批評、研究その他の引用の目的上、正当な範囲内で行われなければなりません（著32条1項）。正当な範囲の基準とは、引用する側と引用される側が明確に区別でき、引用する側が主であり引用される側が従となる関係にあることです。また、利用態様に応じた合理的方法により、著作物の出所を明示しなければなりません（著48条）。これらの要件を満たせば、著作権者の許可を得ずに引用することが可能です。よって、本肢は適切です。

Cについて、プログラムの著作物の複製物の所有者は、自らコンピュータ上で利用するために必要と認められる限度で、その著作物を複製、つまりバックアップを取ることができます（著47条の3）。よって、本肢は適切です。

← Question は、184 ページ

24 著作隣接権

　音楽雑誌を出版するＺ社では、自社のホームページで、音楽に関係した多種多様なコンテンツを発信しています。近々クラシック音楽の雑誌を創刊するタイミングにあわせて、クラシック専門サイトを新設することになりました。

　Ｚ社では保有しているすべてのＣＤ等の音楽をデータベース化しているので、このサイトではそのデータベースを利用し、作曲家と曲名で検索してそのまま音楽が聴けるようにしています。それから、サイトのＢＧＭには、川のせせらぎが流れるように設定。この音源は、環境音楽のＣＤから採用しています。

Question

この場合、次の **Ⓐ** 〜 **Ⓒ** のうち、対応または考えとして正しいものを選び、その理由を答えなさい。ただし、正しいものは一つとは限りません。また、正しいものがない場合もあります。

A クラシック音楽は創作者の死後70年が経過していて著作権の存続期間が切れているので、音楽をインターネットで送信する際に、誰の許可も取る必要はない。

B クラシック音楽の曲自体の著作権は切れていても、演奏者とCDの製作会社の著作隣接権は存続している場合があるため、インターネットでの音楽の送信について、演奏者とCDの製作会社に許可を取らなければならない。

C 川のせせらぎに創作性はないので著作物には該当せず、インターネットで音を流すにあたり、誰にも許可を取る必要はない。

 Hint 著作隣接権は、「実演家」「レコード製作者」「放送事業者・有線放送事業者」が対象。

⟶ 正解と解説は、196ページ

24. 著作隣接権

💡 **Point** 著作隣接権によって保護される対象を理解し、対象者によって異なる権利の発生と消滅をまとめる

🔑 **Key word** 著作隣接権、実演家、実演家人格権、レコード製作者、放送事業者・有線放送事業者

1 著作隣接権とは

　著作権法では、創作こそしていないものの、著作物を広く社会に伝える際に一定の関与をしている者などに、著作隣接権という権利を認めています。日本の著作権法では、歌手や俳優などの実演家、レコード製作者、有線・無線の放送事業者が、著作隣接権の対象です。著作隣接権者には著作権と同じように独占的な権利が与えられますが、これは著作物を保護しているわけではありません。

(1) 実演家

　独自に創作された歌があるとします。原則として、曲については作曲家が、詞については作詞家が、それぞれ著作（財産）権を有していると考えられます。そして、それが歌手に歌われて、その歌唱が録音されたり放送されたとしたら、歌った歌手にも一定の保護が与えられるべきでしょう。なぜなら、歌唱力や声の質によって、聴衆は同じ歌でも違う印象を受けるので、歌手の実力や魅力次第で、その曲を聴いたり、CD を購入する人の数が変化するからです。歌手は音楽を広めることに貢献しているため、保護されるべき対象であるといえます。

　実演とは、著作物を演劇的に演じ、舞い、演奏し、歌うなどの方法により演ずることであり、実演を行う俳優や歌手、演出家等を実演家といいます。実演家には著作隣接権が認められており、著作隣接権者のうち唯一、人格権が与えられています。

実演家の権利の一覧

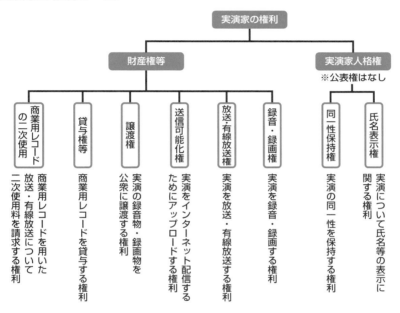

（2）レコード製作者

　著作権法上では、音楽CDやデジタル媒体など、音が録音された記録媒体すべてを「レコード」と呼び、レコードに固定されている音を最初に固定した者を、レコード製作者といいます。音楽の著作者や実演家ほど創作的な行為をしたとはいえないかもしれませんが、質の良い音を提供するには、優れた録音設備を用意するなど多額の費用がかかります。また、どのような機材を用いて録音するかといった、創作的な要素があることも確か

です。レコード製作者は、違法コピーの最たる被害者であり、彼らが投資を回収できないということは、すなわち、その売上からのロイヤリティを期待する作曲家などの著作者や、歌手などの実演家なども、経済的損失を被ることを意味します。以上の理由から、レコード製作者にも著作隣接権者として権利が認められているのです。

レコード製作者の権利の一覧

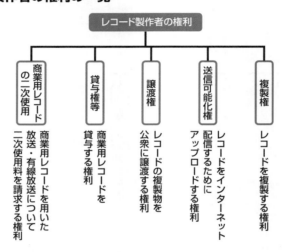

この権利で注意したいのは、川の流れる音や、鳥の鳴き声など著作物に該当しない音でも、それをレコードに収録した場合、レコード製作者には著作隣接権が発生する点です。つまり、無断でそのレコードを複製等する行為は、レコード製作者の複製権を侵害したことになります。

（3）放送事業者・有線放送事業者

放送や有線放送を業として行う、放送事業者・有線放送事業者がいます。彼らの権利は、放送されるコンテンツに由来するのではなく、放送するという行為に由来します。番組を放送するには莫大な設備投資が必要であり、それは保護されるべきものと考えられています。

2 著作隣接権の発生と消滅

著作隣接権の存続期間は、保護対象により異なります。

著作隣接権の発生と消滅

著作隣接権	権利の発生	権利の消滅
実演	その実演を行った時	その実演が行われた日の属する年の翌年から起算して70年後
レコード	その音を最初に固定した時	その発行が行われた日の属する年の翌年から起算して70年後
放送・有線放送	その放送・有線放送を行った時	その放送・有線放送が行われた日の属する年の翌年から起算して50年後

まとめ

著作隣接権が認められるのは、実演家、レコード製作者、有線・無線の放送事業者。実演家のみ、人格権が与えられる。

Question の 正解と解説

正解 **B**

解説 　著作隣接権とは、著作物の創作はしていないものの、著作物を公に伝達するために重要な役割を果たしている実演家、レコード製作者、放送事業者、有線放送事業者に与えられる権利です（著89条）。

Ⓐ、Ⓑについて、クラシック音楽の曲は、一般的に著作物に該当すると考えられますが、その曲に関する著作権の存続期間が切れている場合、曲については著作権の問題が生じません。

しかし、その曲を演奏した演奏者には、「実演家」として著作隣接権が発生します（著2条1項4号、89条1項）。そして、実演家は送信可能化権を有するので、実演家に無断でその実演を送信可能化することはできません（著92条の2）。

また、音を最初に CD に固定した者は「レコード製作者」（著2条1項6号）となり、著作隣接権を有します（著89条2項）。そして、レコード製作者には送信可能化権がありますので、レコード製作者に無断でその CD を送信可能化することはできません（著96条の2）。

よって、Ⓐは誤りで、Ⓑが適切です。

❸について、音を最初にCDに固定した者は「レコード製作者」（著2条1項6号）となり、著作隣接権を有します（著89条2項）。

ここで、「レコード」とは、いわゆるレコードに限定されず、CD、蓄音器用音盤、録音テープなどの音を固定した物を指します（著2条1項5号）。

音そのものは著作物性のない「川のせせらぎ」であっても、それを収録した場合には、収録した「レコード製作者」に著作隣接権が発生すると考えられます。よって、本肢は誤りです。

← **Question は、191 ページ**

特許法・実用新案法

意匠法

商標法

条約

著作権法

その他の知的財産に関する法律

25 著作権の侵害と救済

　ベンチャー企業のA社では、電子書籍端末を研究・開発しています。最先端の技術を搭載したA社の新機種Xが発売となった時期に、「電子書籍フェア」が催され、新機種Xは目立つブースに展示されました。電子書籍フェアの影響もあり、A社は多数の雑誌や新聞から取材依頼を受け、新機種Xがいくつもの媒体で取り上げられました。

　新機種Xについて書かれたこれらの記事を営業・販促ツールに生かそうと、A社の広報部ではアイデアを練っています。

Question

　この場合、次の **A** 〜 **C** のうち、対応または考えとして正しいものを選び、その理由を答えなさい。ただし、正しいものは一つとは限りません。また、正しいものがない場合もあります。

A 新機種Xを取り上げた記事をアップしている他社のURLを集め、自社のホームページにリンク集を作る。

B 海外のクライアントに向けて、新機種Xに関連した記事の全文を英語に翻訳し、自社のホームページに出所とともに掲載する。

C 新機種Xに関する記事のコピーをまとめた冊子を自社で作成し、新規クライアント開拓のための営業活動に利用する。

Hint 正当な私的使用や引用であれば、著作権の効力が制限される。

⟶ 正解と解説は、204 ページ

25. 著作権の侵害と救済

Point どういう行為が著作権侵害に当たるかを理解し、救済を整理する

**Key
word** 登録制度、実名の登録、第一発行年月日の登録、差止め、損害賠償、
不当利得返還、名誉回復措置

1 著作権侵害とは

　著作権法上、著作者の権利を侵害する行為は、著作者人格権の侵害と著作（財産）権の侵害に、大きく分けることができます。

　著作者人格権を侵害する行為は、具体的には著作者の同意を得ずに未公表の絵画を展示会で発表したり、著作者に無断で小説の結末を変更したりすることです。前者は公表権の侵害、後者は同一性保持権が問題となります。

　著作（財産）権の侵害とは、簡単にいうと、著作者の許諾を得ないで、著作物を利用する行為です。例えば、著作者に無断で、記事をコピーして営業ツールとして使えば、複製権の侵害に該当します。

　また、他人の著作物に依拠して（真似て）、実質的に同一・類似の範囲にある著作物を著作権として規定される態様（著21条等）で無断利用すれば、著作権侵害となります。著作物の全体ではなく一部分を真似しただけでも、その部分に創作性が発揮されていれば、複製権の侵害と考えられます。

　ただし、他人の著作物を知らずに、結果としてたまたま同じ物ができてしまった場合は、著作権侵害とはなりません。また、他人の著作物を参考にしていても、新たな創作性が加えられ、本質的な特徴が全く別のものになっていれば、これも侵害には当たりません。

著作物と類似の関係図

翻案等
実質的
同一・類似

同一

原著作物

二次的著作物

別の著作物

2 登録制度

　著作権侵害において、依拠したか否かを判断する際に、創作の先後が焦点となることがあります。先に創作された著作物は、時間的に後に創作された著作物を真似しようがないからです。

　著作権法では、登録は権利発生の要件とはなりませんが、いくつかの登録制度があります。著作権者は第一発行（第一公表）年月日の登録ができますので、もし登録していれば、著作権侵害が問題となったときに、相手の創作より前にこの第一発行（公表）年月日を登録していると証明でき、相手の著作物には依拠していないという有力な証拠になります。

　登録できる項目を挙げてみましょう。

登録項目	登録内容
実名の登録	無名または変名で公表した著作物について、実名の登録ができる
第一発行年月日等の登録	その日に最初の発行（公表）があったものとの推定を受けられる
創作年月日の登録	プログラムの著作物について、創作年月日の登録ができる
著作（財産）権の登録	著作（財産）権の移転は、登録しておくと第三者に対抗できる

3 著作権侵害に対する救済

　無断で著作物を利用された場合に、権利者はどのような対応を取ることができるでしょうか。

　まず、侵害行為に対抗し、「その行為をやめるように差止めを請求（差止請求権）」することが考えられます（著112条）。また、侵害による損害の金銭的な補填を求める場合は「損害の賠償を請求（損害賠償請求権）」（民法709条）、自己の損失で利得を得た者に対しては「利得の返還を請求（不当利得返還請求権）」（民法703条、704条）することも可能です。

　まとめると、差止請求によって現在または将来の侵害行為を停止させ、すでに被った損害については、損害賠償請求や不当利得返還請求をして金銭で賠償を受けるという流れです。他方、著作者人格権又は実演家人格権侵害については、信用面での補填を求める措置として、新聞への謝罪広告の掲載など、「名誉回復等の措置の請求」もできます（著115条）。

　また、著作権を侵害した者については、刑事罰が規定されています（著119条等）。さらに、侵害者が法人等の従業者である場合は、行為者本人だけでなく、使用者である法人等も同時に刑事罰を適用されることがあります（著124条）。

　違法ダウンロードについても刑事罰（2年以下の懲役等）の対象となります（著119条3項）。

　侵害コンテンツ（違法にアップロードされた著作物等）へのリンク情報等を集約してユーザーを侵害コンテンツに誘導する「リーチサイト」や「リーチアプリ」についても刑事罰の対象となります。リーチサイト運営行為及びリーチアプリ提供行為については刑事罰（5年以下の懲役等）の対象であり（著119条2項4号、5号）、リーチサイト・リーチアプリにおいて侵害コンテンツへのリンク等を提供する行為については、著作権等を侵害する行為とみなして民事措置及び刑事罰（3年以下の懲役等）の対象となります（著120条の2第3号）。

まとめ

著作権侵害とは、他人の著作物に依拠して、無断で同じ物または似た
ような物を作る行為である。著作（財産）権の移転があったとき、登
録しておけば第三者に対抗できる。

Question の 正解と解説

正解 **A**

解説 **A** について、著作権者に無断で著作物を複製する行為は「複製権」の侵害となります（著21条）。また、著作物をホームページに掲載する行為は公衆送信に該当するため（著2条1項7号の2）、著作権者の許可を得ずに行うと、「公衆送信権」の侵害となります（著23条1項）。

ホームページのリンク集をインターネット上に掲載する行為は、他人の著作物であるホームページの場所を示しているだけといえるため、著作権法上の「複製」や「公衆送信」には該当しないと考えられます。また、URL自体はインターネット上におけるホームページのアクセス先を示すものであり、「思想または感情」を表現したものではないので、著作物に該当しないと考えられます（著2条1項1号）。

したがって、ホームページにリンク集を掲載しても、問題となる可能性は低いと考えられます。よって、本肢は適切です。

B について、他人の著作物を著作権者の許諾なく翻訳すると、原則として「翻訳権」の侵害になります（著27条）。しかし、引用して利用できる著作物は翻訳して利用することもできます（著47条の6第1項2号）。

ただし引用は、「公正な慣行に合致するものであり、かつ、報道、批評、研究その他の引用の目的上、正当な範囲内で行われるもの」でなければなりません（著32条1項）。

ここで、全文翻訳をしてホームページに掲載する行為は、引用する側が主で、引用される側が従であるという主従関係を満たしているとはいえず、引用に該当しないと考えられるため、著作権を侵害する可能性が高く

なります。よって、本肢は誤りです。

■について、著作権者に無断でその著作物をコピー（複製）する行為は、複製権の侵害となりますが（著21条）、個人的に、または家庭内その他これに準ずる限られた範囲内において使用すること、すなわち「私的使用」を目的とする場合は、著作権者に無断で複製することができます（著30条1項）。

　雑誌や新聞の記事は一般に言語の著作物と考えられるので（著2条1項1号、10条1項1号）、その記事の著作権者に無断でコピーすることは、原則として「複製権」の侵害となります（著21条）。また、自社製品に関する記事であっても、自社の営業活動に使うことは、私的使用の目的とは考えられません（著30条1項）。

　したがって、当該記事をコピーすることは、著作権を侵害する可能性が高くなります。よって、本肢は誤りです。

←── Question は、199 ページ

肖像権とパブリシティ権 Column 6

　写真は、著作物の例示として挙げられており、著作物性を有すれば著作権法による保護を受けることができます。写真であっても、機械で撮影された証明写真等は人の思想または感情の創作的表現とはいえないので、著作権法の保護対象ではないと考えられます。一方、風景写真などでも、構図、背景、露出等に創作性が認められれば、保護されます。

　人が写っている写真を利用する際、写真の著作物についての著作（財産）権を考慮しなければなりませんが、被写体である人物の肖像権やパブリシティ権が問題となることもあります。

　肖像権は、法律に規定はなく、判例を通して認められている権利です。憲法により保障されている基本的人権の一つとされる幸福追求権を根拠として保障される権利の一つとして認められており、自己の肖像をみだりに撮影されたり公表されたりしない権利です。例えば、他人が撮影した人物写真を自分のブログに掲載したい場合、その写真の著作物の権利者の許諾に加えて、被写体である人の同意も必要となります。

　パブリシティ権とは、同じく裁判上認められてきており、有名人が、自己の氏名や肖像等が商品の販売等を促進する顧客吸引力を有する場合、この顧客吸引力を排他的に利用する権利とされています。例えば、有名人の写真を製品の営業用のパンフレットに利用する際には、その写真の著作物の権利者と有名人の双方から、許可を得なくてはなりません。

　なお、競走馬の名前にパブリシティ権があるかどうかについて争われた事件がありましたが、動物など法律上の「物」には、パブリシティ権がないと判断されました（最高裁平成16年2月13日第二小法廷判決）。

その他の知的財産に
関する法律

26 不正競争防止法

　キャラクタービジネスを展開するB社では、知的財産に関する社員教育に力を入れており、商標や意匠など法律の分野ごとに社内研修を行っています。

　今日は、「不正競争防止法」について学ぶ講座が開かれています。講座のはじめに、不正競争防止法の入門として、クイズが出されました。講師がいくつかの例を挙げ、「どれが不正競争に当たる行為か」というのを当てる問題です。

Question

　この場合、次の **A** ～ **C** のうち、不正競争行為に該当するものを選び、その理由を答えなさい。ただし、正しいものは一つとは限りません。また、正しいものがない場合もあります。

A 偶然にも他社の商品の形態と同じ形態の商品を開発してしまった場合、その商品を販売する行為。

B 登録商標ではないけれど他社が使用していて有名になった商品の表示を、そのまま自社の製品に利用し、消費者の混同を招く行為。

C 職務上、正当に入手した営業秘密を、その情報を欲しがっている第三者に売りはらってしまう行為。

Hint 「不正競争行為」の類型を、不正競争防止法2条で確認しよう。

→ **正解と解説は、217 ページ**

Lesson

26. 不正競争防止法

 Point どういう行為が不正競争行為に当たるかを理解し、意匠法や特許法との
関係を整理する

 **Key
word** 周知表示混同惹起行為、著名表示冒用行為、商品形態模倣行為、
営業秘密不正取得等行為、秘密管理性、有用性、非公知性、
原産地等誤認惹起行為、競争者営業誹謗行為

1　不正競争とは

　不正競争防止法とは、事業間の競争が行き過ぎることで不正な競争が行われないよう、社会秩序を維持するために制定された法律です。特許法などの産業財産権法とともに知的財産法の一つと考えられ、産業財産権法による保護を補完するような役割を果たしているともいえます。不正競争防止法においては、営業秘密に関する行為など、一定の行為が不正競争行為として列挙されています（不競2条1項1 ～ 22号）。

「不正競争行為」を考えるときに、パリ条約を参考にすると理解しやすいでしょう。パリ条約では、不正競争行為とは「工業上または商業上の公正な慣行に反するすべての競争行為」と定められています（パリ10条の2（2））。また、次のように特に禁止されるべき行為を挙げています。

①いかなる方法によるかを問わず、競争者の営業所、産品または工業
　上もしくは商業上の活動との混同を生じさせるようなすべての行為
②競争者の営業所、産品または工業上もしくは商業上の活動に関する
　信用を害するような取引上の虚偽の主張

③産品の性質、製造方法、特徴、用途または数量について公衆を誤ら
　せるような取引上の表示および主張

2 なぜ不正競争行為は禁止されるのか

　市場において単に自由な競争を確保するだけでは、公正な競争に発展し
ないことは歴史的に見ても明らかです。確かに、理論上は消費者が市場に
おける審判者であるといえます。なぜなら、消費者は不正な事業者が提供
する製品やサービスの購入を拒否し、公正な事業者の製品を選択できるか
らです。

　こうして不正な事業者の存在を抑止できると考えられますが、しかし、
現実にはこのようにうまくいきません。経済が発達し複雑になるにつれ、
消費者は市場の審判者としてふるまうことが困難になってきています。消
費者は判断できないばかりか、公正な事業者と同じように、不正な競争か
ら保護されるべき立場にあるのです。

　したがって、知的財産権を保護するだけでは、市場における公正な競争
を確保することは難しいといえます。誤解を招くような広告や、営業秘密
を不正に取得・開示する行為など、幅広い分野にわたる不正な商業行為は、
産業財産権法だけではカバーしきれません。経済の健全な発展を図るため
に、産業財産権法などで対応できない領域を補う不正競争防止法は、必要
とされるのです。

3 不正競争行為の類型

　不正競争行為として規定されている行為は、例として、次に挙げるもの
です。

(1)	周知表示混同惹起行為	他人の周知な商品等表示を使用するなどして他人の商品等と混同を生じさせる行為
(2)	著名表示冒用行為	他人の著名な商品等表示を使用するなどの行為
(3)	商品形態模倣行為	他人の商品の形態を模倣した商品を販売等する行為
(4)	営業秘密不正取得等行為	不正な手段により営業秘密を取得等する行為
(5)	限定提供データ不正取得等行為	不正な手段により限定提供データを取得等する行為
(6)	原産地等誤認惹起行為	商品等の品質を誤認させるような表示をする等の行為
(7)	競争者営業誹謗行為	競争関係にある他人の信用を失わせるような行為

（1）周知表示混同惹起行為

　他人の周知な商品等表示と同一・類似のものを使用したり、その表示をした商品を販売等することによって、その他人の商品または営業と混同を生じさせる行為をいいます（不競2条1項1号）。商品等表示には、業務に係る氏名、商号、商標、標章、商品の容器、包装が該当し、これ以外に店頭の看板やCMのテーマソングなどといった音や光による表示や物品の形態等も含まれます。登録商標だけではなく、未登録の商標や意匠も対象です。また、全国的に有名である必要はなく、ある地方だけで周知になっている場合でもよいとされています。

（2）著名表示冒用行為

　他人の著名な商品等表示と同一・類似のものを使用したり、その表示をした商品を販売等する行為をいいます（不競2条1項2号）。一般に「著名」とは、「周知」よりもさらによく知られた状態といえ、全国的に有名であることが想定されます。そのため、上述の周知表示混同惹起行為とは異なり、「混同」が生じていなくても、使用等をしただけで著名表示冒用行為に該当します。

（3）商品形態模倣行為

　いわゆるデッドコピーと呼ばれるほど他人の商品と形態がそっくりな商品を販売等する行為は規制されています（不競2条1項3号）。ただし、その商品の機能を確保するために不可欠な形態である場合は除かれます。また、真似される側の商品が、日本国内において最初に販売等された日から3年を経過していると、この規定に該当しません（不競19条1項5号イ）。なお、令和5年法改正により、「電気通信回線を通じて提供する行為」が追加され、デジタル空間上の商品の形態模倣行為も不正競争として規制対象になりました。例えば、リアルの商品の形態をデジタル空間上で模倣して提供する行為です。

　ここで、製品のデザイン（意匠）が、不正競争防止法ではどのように保護されるかについて考えてみましょう。

　意匠法において、意匠権者は業として、登録意匠およびこれに類似する意匠を実施する権利を専有します（意23条）。つまり、権利者の許諾なく、登録意匠と同一・類似の意匠に係る物品等の製造等の実施はできません。

　意匠法による保護は一定の範囲に限られており、デザインが同一・類似であり、かつ物品等が同一・類似のものに意匠権の効力が及びます。したがって、非類似の物品等に用いられるのであれば、仮にそのデザインが登録意匠の形状等と同一であっても、意匠法により保護されないことになります。

　しかし、意匠権の効力の範囲外でも、その行為が消費者の誤解を招いたり、混同を生じさせたりする場合は、不正競争行為に当たり、不正競争防止法で制限されると考えられます。

（4）営業秘密不正取得等行為

　盗むなどの不正な手段により営業秘密を取得する行為や、不正取得した営業秘密を使用、開示するなどの行為は、不正競争行為に該当します。

　営業秘密と認められるためには、次の3点を満たす必要があります。

①秘密として管理されている（秘密管理性）
②事業活動に有用な技術上または営業上の情報（有用性）
③公然と知られていない（非公知性）

　企業が内部で開発し、蓄積してきた情報は、多くの場合、他の企業に
とっても重要であるため、その情報を保有する企業は社外に漏洩されたく
ないと考えます。例えば、顧客リストは、競合他社にとって喉から手がで
るほど欲しいものです。また、効率的な製造方法を社外秘で実施している
かもしれません。これらの営業上・技術上の有用な情報が不正な手段で取
得されたり、開示されたりすれば、保有企業は大きな損失を被るでしょう。

　ここで、特許法と不正競争防止法との関係について考えてみましょう。
　市場において、企業の競争優位性は、営業上の情報やノウハウなどに依
存する場合があります。このような営業上の情報等は、特許法による保護
になじまないことが少なくありません。特許は新しい技術的アイデアを保
護しているため、発明に該当しないとされたり、特許要件を満たさないこ
とも多いためです。営業上の情報などは、確かに企業に対して莫大な利益
をもたらすかもしれませんが、そのことと特許法の保護対象に該当するこ
とは、別の問題なのです。
　また、どちらの制度を利用できる状況でも、よく考えるべきです。なぜ
なら、特許出願された内容は、特許されるか否かに関わらず公開されてし
まうため、誰もがその情報を知りうる状態になることは、その企業にとっ
てデメリットかもしれません。自分（自社）に最もメリットをもたらすに
は、保護したい知的財産についてどの制度を利用するべきか、慎重に判断
する必要があります。

（5）限定提供データ不正取得等行為

　限定提供データとは、相手方を限定して業として提供するデータで、電磁的方法により相当量蓄積され、および管理されている技術上又は営業上の情報をいいます。

　営業秘密は除かれます。

　この限定提供データを盗むなどの不正な手段により取得する行為や、不正取得した限定提供データを使用、開示するなどの行為は、不正競争行為に該当します。

（6）原産地等誤認惹起行為

　商品などにその原産地や品質を誤認させるような表示をする行為などは、不正競争行為として禁止されています（不競2条1項20号）。誤認させるような表示とは、簡単にいえば、自身の商品やサービスについて本来の品質とは異なった印象を与えるものです。例えば、国産の衣類に「Made in France」とラベルを付ける行為などが、これに該当します。

（7）競争者営業誹謗行為

　いわゆる信用毀損行為で、両者の間に競争関係があることが必要です。競争相手にとって営業上の信用を害するような虚偽の事実を告知したり、流布したりする行為は、不正競争行為に当てはまります（不競2条1項21号）。

　原産地等誤認惹起行為と同様に、誤った情報により消費者をひきつけようとする行為ですが、「自己の製品について」虚偽や欺まん的な表現を用いるのではなく、「競合他社の商品やサービスについて」虚偽の事実を利用して中傷するという点で異なっています。

　そのほか、不正の利益を得る、または他人に損害を加える目的で、その他人の氏名や商号等と同一か類似のドメイン名を取得、保有、使用する、ドメイン名不正取得等行為（不競2条1項19号）などが禁止されています。

4 不正競争行為への対応

　不正競争行為によって営業上の利益を侵害された者は、差止請求（不競3条）、損害賠償請求（不競4条）、不当利得返還請求（民703条、704条）、信用回復措置請求（不競14条）をすることができます。

まとめ

不正競争行為とは、周知の他人の商品等表示を使用して混同を生じさせたり、他社の営業秘密を悪用することなどである。

Question の 正解と解説

正解　B　C

解説　Aについて、他人の商品の形態を模倣した商品を譲渡等する行為は、不正競争に該当します（不競2条1項3号）。しかし、他人の商品の形態と同一の形態の商品を偶然開発した場合は、不正競争行為とは考えられていません。よって、本肢は不正競争行為に該当しません。

Bについて、他人の商品等表示として需要者の間に広く認識されているものと同一もしくは類似の商品等表示を使用し、他人の商品または営業と混同を生じさせる行為は、不正競争に該当します（不競2条1項1号）。この商品等表示は、登録商標に限られません。よって、本肢は不正競争行為に該当します。

Cについて、職務上正当に取得した営業秘密であっても、その後、不正な利益を得る目的で、またはその保有者に損害を与える目的で、その営業秘密を第三者に開示する行為は、不正競争に該当します（不競2条1項7号）。よって、本肢は不正競争行為に該当します。

← Question は、209 ページ

特許法・実用新案法

意匠法

商標法

条約

著作権法

その他の知的財産に関する法律

電機メーカーX社は、洗濯機に使用する部品Aの製造を部品メーカーY社に委託し、Y社との間で製造委託契約を締結しました。

この契約では、製造委託契約を締結した3カ月後に部品AがX社に納入される予定でしたが、3カ月半を経過しても納入されませんでした。その後、対価の支払期日になったので、Y社はX社に対価を請求しました。

Question

　この場合、次の **A** 〜 **C** のうち、対応または考えとして正しいものを選び、その理由を答えなさい。ただし、正しいものは一つとは限りません。また、正しいものがない場合もあります。

A 部品メーカーY社は、製造委託契約に基づく履行期日までに部品Aの納入を行わなかったので、電機メーカーX社は、Y社との契約を解除できる場合がある。

B 調査によると、部品メーカーY社の倉庫に部品Aが準備されていることがわかったので、電機メーカーX社は、Y社の倉庫へ赴いて強制的に部品Aを引き取ってくることができる。

C 部品メーカーY社は、製造委託契約に基づく履行期日までに部品Aの納入を行わなかったので、電機メーカーX社は洗濯機の製造に遅れが生じ損害を被った。X社はY社に損害賠償を請求できる場合がある。

Hint 契約の相手方が契約の内容を履行しない場合、以下の方法をとることができる。①強制履行、②契約の解除、③損害賠償の請求。

➡ 正解と解説は、223 ページ

27. 民法

> 💡
> **Point** 民法上の契約の成立と有効要件をおさえ、債務不履行の場合の措置を整理する

> 🔑
> **Key word** 意思表示、瑕疵、債務不履行、自力救済、強制履行、契約の解除、損害賠償請求

1 民法と契約

　民法とは、市民社会における市民相互の関係を規律する一般法です。契約は、「申込み」の意思表示と、「承諾」の意思表示が合致することで、成立します。よって、原則として口約束であっても、契約は成立します。ただし、契約書などの書面は、契約の成立には影響は及ぼさないけれど、後々争いになったときに、証拠としての機能を果たします。

2 契約の有効要件

　契約が成立していても、要件を満たさなければその契約が有効とは認められません。

　有効要件を説明しましょう。

①当事者が行為能力を有していること

　原則として、未成年者は単独で有効な契約を締結できません。親等の法定代理人の同意が必要です。

②当事者の意思表示に瑕疵がないこと

瑕疵とは、法律上、何らかの欠点や欠陥があることをいいます。錯誤、詐欺、強迫による意思表示は、取り消すことができます（民95条、96条）。

③契約内容が確定でき、適法で、社会的に妥当であること

例えば、共同開発契約で開発内容が特定されていない場合や公序良俗に反する内容である場合などは、有効な契約とは認められません。

3　契約内容が実行されない場合の措置

契約の相手（債務者）が、契約の内容を履行しないことを、債務不履行といいます。債務不履行に対し、自力でその履行を強制する自力救済は、日本国では禁止されています。

民法上、以下の対応が認められています。

①強制履行

裁判所に履行の強制を申し立てることにより、強制的に履行を実現させることができます（民414条）。

②契約の解除

履行を促す「催告」をしても履行されない場合は、契約を解除することが可能です（民540条、541条）。

③損害賠償請求

債務不履行によって生じた損害について、その賠償を請求できます（民415条）。

契約は、申込みと承諾の意思表示が合致することで成立する。有効要件は、当事者が行為能力を有していること、意思表示に瑕疵がないこと、契約内容が確定でき、適法で社会的に妥当であること、である。

Question の 正解と解説

正解 **A** **C**

解説 **A** について、相手方が契約内容を履行しない場合は、契約を解除できることが民法により認められています。Ｙ社は履行期日までに義務を果たしていないため、Ｘ社はＹ社に契約内容を履行するよう催告し、履行がなかったときは契約を解除することができます。よって、本肢は適切です。

B について、我が国では、自力救済は禁止されています。したがって、Ｘ社がＹ社の倉庫から強制的に部品Ａを引き取るといった行為で契約内容を実現させることはできません。よって、本肢は誤りです。

C について、債務不履行によって損害が生じた場合、その賠償を請求できることが民法により認められています。Ｙ社の債務不履行（履行期日までに部品Ａを納入しなかったこと）によりＸ社は損害を被ったため、Ｘ社はＹ社に損害賠償を請求することができます。よって、本肢は適切です。

← Question は、219 ページ

　日用品メーカーC社は、歯ブラシ「◇◆◇」について、特許を保有しています。この歯ブラシの使用許諾を求める問い合わせが、関西の家電メーカーD社からC社にありました。D社では電動歯ブラシを開発し、製造していく予定なので、歯ブラシ「◇◆◇」のブラシ部分のみを利用したい、とのことです。

　この話は、C社とD社の間でライセンス契約を結ぶ方向で進んでおり、C社ではライセンスに関する条件を検討しています。

Question

　この場合、次の **A** 〜 **C** のうち、対応または考えとして正しいものを選び、その理由を答えなさい。ただし、正しいものは一つとは限りません。また、正しいものがない場合もあります。

A 　D社ではこの電動歯ブラシを関西以西でのみ販売する予定なので、実施できる期間を区切り、さらに関西以西に限って実施を許可するという条件で、C社はライセンス契約を提案する。

B 　D社が電動歯ブラシを開発する途中で、C社の歯ブラシ「◇◆◇」についても改良発明があった場合、C社に非独占的にその実施を認めるという条件で、C社はライセンス契約を提案する。

C 　あまりに低価格にされてしまうとC社の商品が売れなくなってしまうので、D社が電動歯ブラシを販売するときの価格の下限をC社が設定するという条件で、C社はライセンス契約を提案する。

Hint 　特許権の行使と認められれば、独占禁止法には抵触しない。

⟶ **正解と解説は、230 ページ**

特許法・実用新案法

意匠法

商標法

条約

著作権法

その他の知的財産に関する法律

225

28. 独占禁止法

 Point 独占禁止法上で禁止されている行為を理解し、知的財産権法との関係を整理する

Key word 私的独占、不当な取引制限、カルテル、入札談合、不公正な取引方法、パテントプール、公正取引委員会、排除措置命令

1 独占禁止法とは

独占禁止法（正式には「私的独占の禁止及び公正取引の確保に関する法律」）とは、公正かつ自由な競争を確保するために、不当な取引制限などの一定の行為を排除し、経済の健全な発達を促進することを目的とした法律です（独1条）。

2 禁止される行為

簡単に独占禁止法を説明すると、企業などが市場できちんとした競争ができるように定められたルールといえます。この法律では、以下のような行為を禁止しています。

①私的独占

私的独占とは、単独あるいは他の企業などと手を組んだりして、人為的に、つまりビジネスにおける正当な競争以外のなんらかの方法で、他の事業者の活動を排除して支配し、競争を実質的に制限する行為です。自らが価格や数量などを決定できるようにするために、行われています。

②不当な取引制限

不当な取引制限には、カルテルと入札談合があります。カルテルとは、2つ以上の同業者が、市場支配を目的として価格や販売数量などを制限する合意や協定を結び、公正な競争を阻害することをいいます。

③不公正な取引方法

不公正な取引方法とは、公正な競争を妨げるおそれがあるもののうち、公正取引委員会が指定する行為をいいます。例えば、事業者が競争者と共同して、ある事業者に対し供給を拒絶したり、不当な対価をもって取引したりすることです。

ほかには、会社の合併や株式保有等により、事業支配力が過度に集中するような会社の設立なども制限されています。

3　知的財産権法と独占禁止法の関係

（1）不正競争防止法と独占禁止法の関係

不正な競争を防止する取り決め（不正競争防止法）と、事業活動の不当な拘束を排除する取り決め（独占禁止法）は、両法とも市場において適正な活動を確保しようとする点において、似ているといえます。

独占禁止法は、取引の制限や強い経済力の濫用などを防ぎ、公正かつ自由な競争が行われることを目的として、制定された法律です。一方で、不正競争防止法では、市場参加者に対して一定の不正競争行為を禁止することにより、公正な競争の維持を目指しています。これらの法律は、同じ（類似した）目的を達成するために、異なる側面から互いに補完しあっているともいえます。

（2）特許等ライセンスと独占禁止法の関係

　特許法は、特許権者が特許発明の実施を独占し、他人を排除することを認める法律です。そうなると、私的独占を禁止し、公正な取引を守ろうとする独占禁止法との関係が問題となります。

　特許法などに基づき、権利の行使と認められる行為には、独占禁止法は適用されません（独21条）。これは裏を返せば、特許権の行使と認められない行為は、独占禁止法により制限されるということです。特許権をライセンスする場面などで、ライセンスに付随して特許権の行使に該当しないことまでも要求すると、独占禁止法違反となることがあります。

　例えば、ライセンスする側が、特許発明の実施により製造された製品の販売価格を制限することは、特許法上の権利の行使に当たらず、独占禁止法において禁止される可能性が高いと考えられます。他方、同様の契約においてライセンスの期間や地域を限定することなどは、特許権の行使に当たりますので、独占禁止法による制限は受けないといえます。

　以下の例は、独占禁止法上、問題となる可能性の高いライセンス契約の条件です。

- × 　特許発明を実施した製品の販売価格を制限
- × 　ライセンス契約終了後もロイヤリティを要求
- × 　競争技術の研究開発を禁止する
- × 　ライセンスを受けた者が開発した技術を、特許権者に対して独占的にライセンスすることを義務づける

（3）パテントプールと独占禁止法

　同業者などが、ある技術に関する各社の権利を一つの組織に集中させ、そこでライセンスなどを一括して行う仕組みを、パテントプールといいます。特許権などを一元管理できるので、効率的なスキームだといえます。

　ただし、市場の自由な競争を阻害したり、市場支配につながったりなど、活動の仕方によっては、独占禁止法上の問題となる場合があります。

　パテントプールに関して、独占禁止法で禁止された事例を一つ挙げましょう。パチンコ機を製造するメーカー約10社がそれぞれパチンコ機製造に関する特許権等を有しており、そのライセンスなしにはパチンコ機を製造することができないという状況がありました。それらのメーカーが権利の管理をパテントプールに一元化し、特許権等のライセンスをしないことなどにより新規参入を排除していた行為については、私的独占に当たると判断されました。

4　独占禁止法の運用

　独占禁止法は、公正取引委員会によって運用されます。独占禁止法に違反する疑いがあれば、立ち入り調査を行うこともあります。

　独占禁止法に違反する事実がある場合には、誰でも公正取引委員会に報告し、適当な措置を取るよう求めることができます。公正取引委員会は審判を開き、違反の事実が認められれば、その行為を差し止める排除措置命令を出します。また、私的独占、カルテル、入札談合、一定の不公正な取引方法に当たる場合には、課徴金納付命令を出すこともあります。

　他方、被害を受けた者は、一定の場合に損害賠償や差止めを請求することができます。損害を与えた者は、故意・過失の有無を問わず、賠償の責任を免れることができません。

まとめ

独占禁止法では、①私的独占、②不当な取引制限、③不公正な取引方法が、禁止されている。特許権のライセンス契約やパテントプールについては、独占禁止法上、問題となる場合がある。

Question の 正解と解説

正解 **A** **B**

解説 独占禁止法の規定は、特許法、著作権法、実用新案法、意匠法、商標法による権利の行使と認められる行為には、適用されません（独21条）。特許法77条2項、78条2項によると、ライセンシー（実施権者）は、設定行為で定めた範囲内において、業としてその特許発明を実施できます。すなわち、ライセンサー（実施許諾者）とライセンシーは、地域、期間などの設定範囲を定めることが可能です。

A について、上述の通り、実施許諾の地域と期間を限定することは、特許権の行使と認められます。よって、本肢は適切です。

B について、ライセンシーの成した改良発明について、非独占的な実施をライセンサーに許諾する義務を課すことは、原則として不公正な取引方法等に該当しません。改良発明をライセンシーも自由に利用できるのであれば、事業活動を拘束する程度は小さいといえるからです。よって、本肢は適切です。

C について、販売価格を制限することは、特許権の行使とは認められず、不公正な取引方法等に該当する可能性があります（独19条、2条9項等）。よって、本肢は誤りです。

← **Question は、225 ページ**

29 種苗法

E大学の農学部では、学生が植物の品種改良の研究を行っています。農学部4年生のYさんは、トマトの新しい品種の育成に成功しました。糖度が高く、病害に強いトマトでしたので、ぜひ販売させてほしいという種苗業者が現れ、3カ月前に譲渡しています。

このトマトは、教授の勧めにより、品種登録出願をすることになりました。Yさんは、品種登録の要件を教授に確認しています。

この場合、次の **A** ～ **C** のうち、対応または考えとして正しいものを選び、その理由を答えなさい。ただし、正しいものは一つとは限りません。また、正しいものがない場合もあります。

A 新品種のトマトが、他のトマトに比べて優れた特徴があれば、品種登録を受けられる。

B 品種登録出願をする前に、登録を受けようとする新品種のトマトを販売した場合、品種登録を受けられない。

C 新品種のトマトについて、繁殖の同じ段階にあるすべてのトマトの特性が十分に似ていなければ、品種登録を受けられない。

 Hint 品種登録要件は、「区別性」「均一性」「安定性」「未譲渡性」「名称の適切性」。

―――→ 正解と解説は、238 ページ

Lesson
29. 種苗法

Point 種苗法の登録要件と存続期間、効力の及ぶ範囲と及ばない範囲を理解する

Key word 農林水産業の発展、育成者権、区別性、均一性、安定性、未譲渡性、自家増殖

1　種苗法の目的と保護対象

　種苗法は、新たな植物の品種を保護します。その目標とするところは、他の知的財産権法と似ており、育成者の成果に対して、一定期間の排他的な権利を与えることにより報い、品種の育成の振興を図り、農林水産業の発展を目指すというものです。保護を受けるためには、新品種は一定の要件を満たさなければなりません。ここで品種とは、種苗法における保護・登録の単位であり、その特性の全部または一部により他の植物体の集合と区別することができ、その特性の全部を保持しつつ繁殖させることができる一の植物体の集合をいいます（種2条2項）。

　なぜ、植物の新品種は保護されるのでしょうか？

　新品種の育成には、金銭のみならず技術、労力、時間などの観点からも膨大な投資が必要です。新たな植物の品種について一定の排他的な権利を認めることは、育成者に対して、要したコストを回収する機会を与えるとともに、新たな改良のための利益を提供しているといえます。つまり、農業や林業における品種改良を進めたインセンティブとして、育成者の利益を保護することは、新たな品種の育成を促します。その結果、生産高や品質の向上、費用削減等のメリットが社会にもたらされることとなります。

2　保護方法

TRIPS協定（知的所有権の貿易関連の側面に関する協定）では、加盟国は植物の品種について、次のいずれかの方法で保護するよう求めています（TRIPS27条3項（ｂ））。

①特許制度
②特別の制度
③①と②の組み合わせ

日本国では、③を採用しており、植物の新品種については、特許法、種苗法の両方による保護の可能性があります。しかし、植物の新品種は特許法に規定される新規性、進歩性などの要件を満たす可能性が低く、新品種自体については種苗法による保護が多いと考えられます。

特許法と種苗法の関係について、農林水産省輸出・国際局知的財産課『逐条解説　種苗法　改訂版』（ぎょうせい、2022年）によると、「特許は品種より上（イネの科、属、種）又は下の（有用遺伝子）のレベルを保護し、種苗法による品種登録制度は品種（コシヒカリ、ひとめぼれ等）を保護することとして運用がなされているといってよい」とされ、「現在では植物の新品種自体が特許出願されることはほとんど見られず、遺伝子の機能解明、遺伝子組み換えによる新規植物やその作出方法が特許の対象としてとらえられている」といえるようです。

3　品種登録要件

品種登録を受けるためには、次の要件を満たす必要があります。

（1）公知の品種から区別できること（区別性）

出願時に国内外で公知の他の品種から、明確に区別できることが求めら

れます（種3条1項1号）。この要件は、特許法等における「新規性」と似ています。

（2）均一のものであること（均一性）

同一の繁殖の段階に属する植物体のすべてが、特性の全部において十分に類似することが必要です（種3条1項2号）。同じ時期に栽培した植物体の間で、その特性が異なるようであると、事業的な利用が困難となるからです。

（3）安定したものであること（安定性）

繰り返し繁殖させた後においても、特性の全部が変化しないことが必要です。種やほかの方法による繁殖が一定期間繰り返された後でも、品種の同一性が維持されていなければなりません（種3条1項3号）。繁殖を繰り返すとその特性が変化するようであれば、栽培者に不測の損害を与えることになるためです。

（4）譲渡されていないこと（未譲渡性）

出願日から1年さかのぼった日より前に国内で（外国においては出願日から4年）、業として譲渡された場合には、原則として品種登録を受けることができません（種4条2項）。ただし、裏を返せば、出願の前1年以内であれば出願品種の種苗などを業として譲渡していても、品種登録を受けられる可能性があります。例えば、試験販売などで売れ行きを調査した後に品種登録出願しても、登録を認められることがあります。

（5）名称が適切であること（名称の適切性）

品種の名称が既存の品種や登録商標と紛らわしいものでないこと等が必要です（種4条1項）。種苗の流通及び使用の適正化・円滑化を図るためです。

品種登録を受けるには、農林水産大臣に出願書類を提出します（種5条）。品種登録出願がされると、遅滞なく出願公表が行われ（種13条）、審査が始まります。実際の審査の担当は、農林水産省生産局種苗課に所属する審査官です。拒絶理由がなければ、農林水産大臣によって品種登録がなされます。拒絶理由がある場合は、拒絶理由の通知とともに、意見書を提出する機会が与えられます（種17条2項）。

5 育成者権の効力とその制限

（1）育成者権の効力

育成者権者は、登録品種と、その登録品種と特性により明確に区別されない品種を、業として独占的に利用することができます（種20条1項）。ただし、登録を受けた品種の名称を独占的に使用することはできません。

ここで、「利用」とは、品種の種苗を生産、譲渡等したり、品種の種苗を用いることにより得られる収穫物を生産等する行為をいいます。

（2）存続期間

育成者権の存続期間は、品種登録の日から25年です（種19条2項）。果樹や材木等の木本植物といわれる永年性植物については、その種苗の生産に時間を要する等の理由から、登録日から30年とされています。

（3）育成者権の効力が及ばない範囲

次の行為は、権利者の許可なく行えるという点で重要です（種21条）。

①試験または研究を目的とした利用
②登録品種の育成方法について特許を有する者が、その特許された方

法により登録品種の種苗を利用

③育成者権者の意思により譲渡された場合、その譲渡された種苗等の
利用（消尽）

　これまで、農家の自家増殖（農業者が収穫物の一部を次の作付けの種苗
として使用）は育成者権の効力が及ばないとされていましたが、現在では、
自家増殖にも育成者権の効力が及ぶこととし、育成者権者の許諾に基づき
行うこととされました。

　ただし、自家増殖に許諾が必要となるのは国や県の試験場などが年月や
費用をかけて開発し登録された登録品種です。現在利用されているほとん
どの品種は一般品種（在来種、品種登録されたことがない品種、品種登録
期間が切れた品種）であり、これらについては、今後も自由に自家増殖が
できます。

　品種登録出願時に、輸出可能な国または栽培可能な地域を指定し、指定
した国以外への輸出または指定した地域以外での栽培を制限することを届
け出ることにより、種苗等が譲渡された場合であっても、指定した国以外
への種苗等を輸出する行為や指定した地域以外で収穫物を生産する行為に
育成者権の効力を及ぼすことが可能です（種21条の２）。

まとめ

種苗法の品種登録を受ける要件は、①区別性、②均一性、③安定性、
④未譲渡性、⑤名称の適切性。育成者権者の存続期間は、品種登録日
から25年で、永年性植物は30年で終了する。農家の自家増殖など、
一定の場合には育成者権の効力は及ばない。

Question の 正解と解説

正解 **C**

解説 **A** について、新品種が品種登録を受けるためには、区別性、均一性、安定性、未譲渡性、名称の適切性のすべての要件を満たさなければなりません（種3条1項、4条1項、4条2項）。よって、本肢は誤りです。

B について、日本国内における新品種の販売が、品種登録出願の日からさかのぼって1年以内（外国においては4年以内、省令で定める永年性植物の場合は6年以内）であれば、品種登録を受けられるケースがあります（種4条2項）。よって、本肢は誤りです。

C について、新品種が品種登録を受けるためには、同一の繁殖段階に属する植物体のすべてが、特性の全部において十分に類似することが必要です（種3条1項2号）。よって、本肢は適切です。

← **Question は、232 ページ**

30 弁理士法

特許法・実用新案法

意匠法

商標法

条約

著作権法

その他の知的財産に
関する法律

　中小企業 A 社では、新製品の開発が進んでいます。

　開発会議で決定された商品名について、担当者として X さんに商標登録しておくように上司から指示がありました。

この場合、次の **A** ～ **C** のうち、対応または考えとして正しいものを選び、その理由を答えなさい。ただし、正しいものは一つとは限りません。また、正しいものがない場合もあります。

A 商標登録出願を弁理士に依頼することにしようと思う。

B 商標登録出願を X さんが手続きをして A 社を出願人として出願をしようと思う。

C 特許事務所とは付き合いがなかった。X さんの知り合いで別企業に勤める Y さんが法律に詳しいとの話を思い出したので、Y さんにアルバイトとして対価を払って出願代理をお願いしようと思う。

Hint 弁理士法では弁理士の独占業務が規定されている。

➡ **正解と解説は、244 ページ**

Lesson
30. 弁理士法

 Point 弁理士の独占業務とそうではない業務を整理し、理解する

 Key word 弁理士法人、産業財産権（工業所有権）手続、紛争処理、訴訟代理

1 弁理士の使命

　弁理士は、知的財産に関する専門家として、知的財産権の適正な保護および利用の促進その他の知的財産に係る制度の適正な運用に寄与し、もって経済および産業の発展に資することを使命とします（弁理士法1条）。

2 弁理士の業務

　弁理士法において、弁理士の業務が規定されています。これらの業務は、弁護士や弁理士法人も行うことが可能です。業務の内容を、以下で説明しましょう。

①産業財産権（工業所有権）手続等業務

　特許、実用新案、意匠、商標、国際出願等に関する特許庁における手続きの代理ができます。

②紛争処理業務

　裁判外での紛争解決手続等の代理ができます。

241

③取引関連等業務

　特許、実用新案、意匠、商標、著作権等についての売買契約や、通常実施権の許諾に関する契約において、締結の代理または媒介や、これらに関する相談に応じることができます。また、植物の新品種や地理的表示の保護に関する相談に応じることもできます。

④補佐人業務

　特許、実用新案、意匠、商標、国際出願等に関する事項について、裁判所に、補佐人として当事者等とともに出頭し、陳述または尋問をすることができます。

⑤訴訟代理業務

　特許法、実用新案法、意匠法、商標法に規定されている審決取消訴訟については、単独で訴訟代理人となることができます。一方で、特許権等の侵害訴訟では、弁護士と共にでなければ、訴訟代理人にはなれません。

　弁理士、弁理士法人、弁護士でない者は、他人の求めに応じて、以下の業務を行うことはできません。

---

①特許、実用新案、意匠、商標、国際出願等に関する特許庁における
　手続きの代理
②上記手続きに係る事項に関する鑑定
③政令で定める書類もしくは電磁的記録の作成

　比較的専門性の低い特許料等の納付や特許原簿等への登録申請の手続きについては、弁理士、弁理士法人、弁護士以外の者であっても、行うことが可能です。

まとめ

弁理士の業務とは、特許庁における出願手続等の代理や、ライセンス契約における締結の媒介、審決取消訴訟に関する訴訟代理である。登録料の納付や特許原簿等への登録申請の手続きは、弁理士の独占業務に含まれない。

Question の 正解と解説

正解　**A**　**B**

解説　弁理士、弁護士または弁理士法人でない者は、他人の求めに応じ報酬を得て、特許、実用新案、意匠もしくは商標もしくは国際出願もしくは国際登録出願に関する特許庁における手続き等を報酬を得て行うことはできません。言い換えれば、弁理士、弁護士または弁理士法人に限り、これらの手続きに関する代理業務を行うことができます。

A について、弁理士は第三者の商標登録出願に関する手続きの代理を報酬を得て行うことができます。よって、本肢は適切です。

B について、代理人ではなく、出願人である本人が商標登録出願手続きを行うことに問題はありません。よって、本肢は適切です。

C について、弁理士、弁護士または弁理士法人でない者は、第三者の商標登録出願の代理を報酬を得て行うことはできません。よって、本肢は誤りです。

← **Question は、240 ページ**

知的財産管理技能検定3級テキスト［改訂15版］

2008年	5月	1日	初版1刷発行
2008年	11月	15日	改訂版1刷発行
2009年	7月	15日	改訂2版1刷発行
2010年	6月	10日	改訂3版1刷発行
2011年	7月	1日	改訂4版1刷発行
2012年	7月	10日	改訂5版1刷発行
2013年	7月	25日	改訂6版1刷発行
2015年	7月	1日	改訂7版1刷発行
2016年	6月	10日	改訂8版1刷発行
2018年	2月	1日	改訂9版1刷発行
2019年	3月	5日	改訂10版1刷発行
2020年	7月	10日	改訂11版1刷発行
2021年	7月	10日	改訂12版1刷発行
2022年	6月	1日	改訂13版1刷発行
2023年	7月	10日	改訂14版1刷発行
2024年	7月	20日	改訂15版1刷発行

編　者　　　　　知的財産教育協会（一般財団法人知的財産研究教育財団）
発行者　　　　　小川裕正
発行所　　　　　株式会社アップロード
　　　　　　　　〒104-0061　東京都中央区銀座2-11-2
　　　　　　　　TEL 03-3541-3827　FAX 03-3541-7562
カバーデザイン　中川英祐（有限会社トリプルライン）
印刷・製本　　　広研印刷株式会社

©2024　知的財産研究教育財団　Printed in Japan
ISBN 978-4-909189-60-8　C2032